처음 시작하는
정치 공부

처음 시작하는 정치 공부

풍요로운 삶을 위한 정치–시민 되기

박정원 지음

이 책의 핵심 내용을 구상한 것은 박사학위 논문을 준비하던 때였습니다. 논문의 주제가 종교와 정치, 동서양의 사상과 그 정치적 의미 등과 관련된 것이었거든요. 하지만 본격적으로 이 책의 바탕이 된 초고의 절반은 2021년 『청소년을 위한 종교 공부』가 출간되기 직전에 쓰였습니다. 나는 언제나 우리 인간이 갖고 있는 종교성과 정치성이 우리 삶에서 얼마나 긴밀하게 관련을 맺고 있으며, 또 각각의 독립적 활동이 왜 중요한 것인지 자주 깨닫게 되었습니다. 그래서 종교 공부의 내용에 이어 곧바로 정치 공부의 내용을 쓰기 시작했습니다. 그리고 내가 재직하고 있는 대학에서 시민윤리에 대한 강의를 계속하면서 이 책에서 다루고 있는 '정치-시민 되기 연습'의 원고도 함께 쓰게 되었습니다.

이 책은 학교 교과서로 배우는 정치, 그리고 삶의 현실에서 만나는 정치 사이의 넓은 간극을 연결해보려는 소망을 담고 있습니다. 정치라는 것이 우리 삶의 기본 방식 중 하나라는 것을 말하고 싶었습니다. 책의 내용은 크게 두 부분으로 구성되어 있습니다. 10가지의 큰 주제와 10가지의 실천 연습 활동이 나란히 배치되어 있습니다. 하지만 여러분의 관심사에 따라 큰 주제들이나 실천 연습 활동을 각각 별도로 읽어도 좋고, 특정한 주제나 연습 활동에 집중해서 선택적으로 읽어도 괜찮습니다.

정치는 교과서와 현실이라는 양 꼭짓점에서 너무 큰 격차로 동떨어져 있을 뿐 아니라 우리 개인의 삶과도 너무 동떨어져 있는 것처럼 보이지만 결코 그렇지 않다는 것을 이 책은 계속 강조하고 있습니다. 정치는 우리 자신의 삶과 현실을 새롭게 만들어가는 공동의 실천이고 공동의 배움입니다. 이 책이 우리 사회의 젊은이들은 물론이고 나이와 성별, 국적과 상관없이 모든 시민에게 널리 읽히고 토론과 논의의 기본 참고 자료로 활용되기를 바랍니다.

이 책을 마무리하는 지금, 나는 어느덧 환갑의 나이가 되었습니다. 하지만 청년 시절의 내 모습, 중년 시절의 내 모습 어디에서도 정치라는 주제와 질문이 멈춘 적이 없었답니다. 그래서 이 책의 내용은 곧 내 삶의 여정이기도 합니다. 아무쪼록 이 글의 내용 중에서 여러분의 젊고 빛나는 삶의 수많은 고민들과 질문들에 약간이라도 도움이 될 수 있는 지점이 생긴다면 나의 작은 노력이 충분히 응답받을 것입니다. 이 책을 펼쳐 든 여러분 모두에게 새롭지만, 낯설지 않은 경험과 이해의 계기가 열리기를 바랍니다. 이제까지 내가 알게 되었고 경험하게 되었던 것 이상의 멋진 정치 실천의 세계를 스스로 만들어갈 주인공인 여러분의 삶을 진심으로 지지하고 응원합니다.

봄을 꿈꾸며
박정원

제1장

지금, 다시 동서양의 정치사상과 정치사에서 정치를 배우다

정치도 시행착오를 통해 배우고 단련해가는 사회적 실천 활동이다 〈〈 17

잘사는 나라를 만들기 위한 생각에 차이가 있다 | 현대 정치에 대한 혐오와 무관심, 냉대가 깊어지는 이유가 있다 | 정치도 우리의 삶을 위해 필수적으로 공부해야 한다 | 정치 공부에는 4가지 필수 주제가 있다 | 정치 공부의 1번 주제는 공과 사의 문제이다 | 정치 공부의 2번 주제는 원칙과 현실의 관계 문제이다 | 정치 공부의 3번 주제는 정치에서의 도덕과 법(제도)의 관계 문제이다 | 정치 공부의 4번 주제는 옛 관행과 새로운 혁신의 관계 문제이다 | 정치는 한평생 배우면서 실현해가는 삶의 한 모습이다

황 권력을 놓고 싸운 사람들 | 크리스틴 드 피장은 정치권력을 신으로부터 받는 특권이라고 본다 | 조선의 유교 정치 관료들은 왕에게 무조건 복종하지는 않았다 | 왕에게 올린 이황의 글은 매우 치명적이었다 | 성리학자 강정일당이 특별한 이유 | 귀족과 양반 중심의 정치구조와 부유층 중심의 정치구조

제4장

감옥 안에서 네루가 고민한 것들

차별과 불공정은 왜 계속되는 것일까?   << 109

인도에서 카스트 제도 문화가 쉽게 사라지지 못하는 이유 | 네 사람의 삶과 그들의 질문 | 법적, 제도적 장치의 변화는 시작될 수 있다 | 수익 모델의 추구와 편견은 차별과 불공정을 합리화한다 | 사람을 평등하고 귀하게 여기는 정치가 필요하다

낙인찍기와 편 가르기 정치의 가장 큰 피해자는 국민이다 | 우리에게는 공적 가치를
실현하는 정치 전통이 있다 | 이황은 정치에서 가장 조심해야 할 것은 사심이라고 말
한다 | 김창협은 정치에서 지공무사가 가장 중요하다고 말한다

제7장
정치는 누구의 목소리를 드러내는가?

정치 영역에 진출한 두 종류의 사람들 | 정치 현실에 대한 젊은 세대의 반감이 커지고
있다 | 정도전은 불교의 정치적 목소리를 약화시키려 했다 | 권근은 불교와 유교의 공
존을 모색했다 | 사이비 정치인의 목소리에 휘둘리지 않아야 한다

국제 군사재판 | 안중근 장교의 국제 정세 인식 | 안중근 장교의 동양 평화 구상에는 중요한 원칙이 있다 | 주권 국가는 누구를 보호하고 지원해야 하는가?

제10장

공익적 정치 참여를 위한
최소한의 평등 원리

지금,
다시 동서양의
정치사상과 정치사에서
정치를 배우다

정치도 시행착오를 통해 배우고
단련해가는 사회적 실천 활동이다

잘사는 나라를 만들기 위한
생각에 차이가 있다

1970년대 후반 여행자유화 조치가 실시되기 전에 한국의 교수들은 국가의 특별 지원으로 미국이나 유럽 등 소위 '잘사는 나라'를 찾아가 연구하며 그들이 잘사는 나라가 된 이유를 분석했습니다. 그런데 그들이 답을 찾기 위해 오로지 도서관에만 있었던 것은 아닙니다. 그들은 거리를 걷고 시장을 방문하고 의식주와 관련된 일상생활을 경험하고 그들 나라의 고유한 문화적 전통과 행동양식, 즉 라이프 스타일을 관찰했습니다. 그리고 그들의 삶 속에 암묵적으로 스며들어 있는 가치관이나 교육활동, 행동규범 등을 분석했습니다. 그들이 알아내고 발견해낸 것들은 그들 자신의 삶에 자양분이 되고 국내에 소개되어 우리가 앞으로 따라가고 배워야 할 모범적 표준으로 권장되었지요.

그런데 그들에 의해 소개된 수많은 내용들 중에서 특히 정치와 관련된 부분은 극단적으로 상반된 관점으로 나뉩니다. 어떤 사람은 프랑스 파리정치학교나 영국 옥스퍼드대학, 미국 하버드대학 등과 같은 교육기관에서 소수의 전문적 엘리트 정치가들이 선발되고 훈련되는 시스템을 아주 좋게 평가했어요. 그와 반대로 또 다른 사람은 덴마크 등 북유럽이나 북미지역에서 활발하게 전개되었던 시민들의 주체적 정치 참여 활동을 매우 좋게 평가했고요. 또 어떤 사람은 한 국가의 국교의 지위에 있는 종교가 사회정치적 영향력을 행사하는 것을 좋게 보기도 했지만 또 다른 누군가는 국민의 다수를 차지하는 시민, 노동자들의 결집된 힘에 의해 의사결정이 평등하게 진행되는 것을 좋게 보기도 했어요.

해외 유학자들 중 많은 사람이 서양의 정신에 기초한 정치 시스템을 우리나라에 곧바로 적용하는 것을 아주 좋게 생각했지만, 또 다른 사람들은 동양의 전통과 동양의 정치사상으로부터 현대 정치 활동의 표준을 되새기는 것을 아주 중요하게 생각했습니다. 같은 서양이라도 유럽의 정치 전통과 미국의 정치 전통에 차이가 있는 것처럼, 같은 동양이라도 중국이나 일본의 정치 전통과 한국의 정치 전통에 차이가 있다는 것에 주목하고 각 지역의 고유한 정치적 행위 방식을 연구하는 사람들도 많아졌습니다. 최근에는 홍콩이나 대만, 인도나 동남아시아 국가들의 정치적 분쟁들과 정치적 흥망성쇠 등의 특징들에 대해서도 관심을 갖는 사람들이 생기고 있고요.

현대 정치에 대한
혐오와 무관심, 냉대가 깊어지는 이유가 있다

이와 같이 잘사는 나라에 대한 서로 다른 생각들이 생기는 것은 정치도 교육의 대상이 되고 잘 가르치고 배우면 정치적 발전을 이룰 수 있으리라는 믿음 때문입니다. 해마다 전 세계의 정치 지도자들은 공식적, 비공식적 연결망을 통해 서로에게서 배우며 서로에게 자신의 정치 활동 방식을 전수하거나 정당화시키기도 합니다.

그런데 이들 정치 지도자들 사이에서 밀접한 관계가 깊어질수록 대다수 국민과는 상관없는 그들만의 정치 어법, 그들만의 정치 행동 방식이 굳어지게 되는 위험이 생겼어요. 현대 사회에서 정치계에 입문하는 일도 일종의 출세의 맨 꼭대기에 오르는 일과 같아서, 그 세계에 아무나 함부로 들어갈 수 없도록 '문지기(gate keeper)'의 출입 자격 검증을 거쳐야 합니다. 정계에 진출하는 일이 유명인사가 되는 일이 된 거죠. 그들의 정치적 영향력이나 권력 등은 수많은 방법에 의해 만들어지고 강화되거나 없어지고 약화됩니다. 이 과정에서 소수의 부유층과 전문직 기술자들에 의해 정치의 모든 것이 좌지우지되고 점차 그들만의 정계 진출, 그들만의 정치력 강화, 그들만의 정치가 더욱 굳어지게 되었습니다.

이것은 단지 우리나라만의 현상이 아닙니다. 이런 현상을 더욱 부추긴 것은 현대 사회가 거대 자본의 물질적 힘에 의해 움직이는 경제력 위주의 사회로 변질되어서입니다. 그래서 일부 부유한 중장년 그룹의 정치가 집단이 일부 부유한 재력가 집단과 함께 정치의 주도권을 독점하는 현상이 계속되고 있습니다.

이에 더하여 현대 정치는 스포츠 경기를 관람하는 일과 비슷해졌습니다. 이들 부유층 중장년 정치인 집단과 재력가 집단 사이에서 끊임없이 빚어지는 온갖 갈등과 권력투쟁의 드라마들이 다채롭게 펼쳐지면서 흥분과 분노, 저항과 몰입, 실력 행사 등을 관중들에게 부추깁니다. 그리고 이러한 부추김에 휘둘리는 관중들은 마치 자신들이 정치 활동의 주체가 된 듯한 착각을 하기도 합니다.

그러나 드라마가 끝나면 또 다른 드라마가 펼쳐지고 관중들은 그 드라마의 엑스트라 역할을 한 것일 뿐입니다. 이런 공허하고 부정적인 경험을 몇 번 하고 나면 사람들 사이에서는 정치에 대한 혐오와 무관심 그리고 냉대가 확산되지 않겠어요? 혐오와 무관심, 냉대는 그 자체로 무엇인가 사회에 적극적이고 긍정적인 정치적 변화를 이끌어내는 데는 한계가 있습니다. 결국 악순환이 계속되고 일반 국민과 정치는 점점 더 괴리될 뿐입니다.

정치도 우리의 삶을 위해
필수적으로 공부해야 한다

과연 이러한 처지에서 어떤 대안이 상상되고 실천될 수 있을까요? 과연 그들만의 닫힌 정계 활동이 아니라 우리 모두의 협치(協治, governance)로서의 열린 정치가 실현되기 위해서는 어떤 생각의 전환과 행동의 전환이 필요한 것일까요? 우리가 진정으로 배우고 익혀서 실천해야 할 정치교육의 내용은 무엇일까요? 이제 우리는 수천 년 동안 우리의 삶 속에 스며들어 와 있지만 미처 충분히 자각하고 있지 못하는 동서양의 정치사상과 정치사를 파헤쳐보려 해요. 정치 역시 모든 사람이 배우고 익혀 우리의 삶 속에서 계속 시행착오를 거치면서 실현해가는 일이라는 것을 말하고자 하는 것입니다.

1970년대와 1980년대에는 젊은 청년들이, 대학생이든 일터에서 일하는 사람이든, 우리 모두의 삶과 밀접하게 관련 있는 사회정치적 문제에 헌신적으로 참여하여 정치적 의사 표현을 했습니다. 그것은 군사독재 정치인들의 부정부패와 권력남용, 시민 학살과 같은 야만적 행위들이 많은 국민에게 분노와 저항의 대상이 되었기 때문이지요. 하지만 그 후 우리 사회가 경제적으로 풍요로워지고 사회적으로 잘사는 계층과 가난한 계층이 나뉘면서 정치적 연대의식은 복잡하게 갈라지게 됩니다. 그 결과로 어떤 특정한 정치적 이슈나, 정치적 행동이 나타나면 그에 대한 반작용으로서 또 다른 행동들이 대립해서 출현하는 양극화된 모습이 반복되기 시작해요.

그런데 안타깝게도, 2010년대를 지나면서 더 이상 우리 사회의 젊은 청년들은, 대학에서도 일터에서도, 사회에서 투명인간, 사회적 약자 취급을 받기도 해요. 불과 몇 십 년 전까지만 해도 깨어 있는 시민으로서 국민 모두와 함께 정치적 연대의식을 보이고 주체적으로 참여했던 중장년층 역시 경제적 계층화가 심해지면서 먹고사는 문제, 생존의 문제만으로도 삶이 벅차게 됩니다. 젊은이들은 더 말할 것이 없지요. 경제가 발전해도 정치의 폐쇄적 구조에 의해 그 혜택을 받는 이들과 그렇지 못한 이들을 더 갈라졌습니다.

만약 정치도 배우고 익혀야 하는 것이라면 그 대상은 젊은이와 중장년, 노년 모두가 되어야 합니다. 더 이상 세대 구분은 의미가 없습니다. 이제 다시, 모든 세대가 모든 현장에서 정치의 내용을 배우고 익히며 실현해내야 하는 것입니다.

정치 공부에는
4가지 필수 주제가 있다

그렇다면 우리가 배워야 할 정치 공부는 어떤 내용일까요? 정치 공부라 하면 흔히 여러분은 특정 정당에서 실시하는 정치학교나 학교에서 가르치는 민주시민학교 등을 연상하겠지요? 하지만 이 책에서 다루는 정치 공부의 내용은 좌우의 특정 이념이나 이데올로기에 치우친 '표면적' 정치가 아닌, 삶의 태도와 가치관, 삶의 양식으로서의 '총체적인' 정치입니다. 이를 위해 우리는 동서양의 정치사상과 정치사에서 수많은 사람에게 탐구와 토론의 대상이 되어온 필수적인 주제 4가지를 다뤄볼 것입니다.

정치 공부의 4가지 필수 주제는 1. 공과 사의 문제, 2. 원칙(이상)과 현실의 관계 문제, 3. 정치에서의 도덕과 법(제도)의 관계 문제, 4. 옛 관행과 새로운 혁신의 관계 문제입니다. 이들 4가지 필수 주제들을 살피는 것이 곧 정치 공부의 핵심 알맹이가 됩니다. 정당에서든 학교에서든 정치 교육을 말하면서 이 4가지 주제 중 어느 하나라도 외면한다면 그것은 결코 진정한 의미의 정치 교육이라고 말할 수 없어요. 정치를 '특정 이념'을 넘어서는 '삶의 태도와 양식'으로 생각한다면 이 4가지 주제는 정치 공부의 구체적 내용이 됩니다.

정치는 결코 언어나 지식으로 먼저 표명되지 않습니다. 설사 언어나 지식으로 표명된다 하더라도 그것은 맨 나중의 일입니다. 정치는 언어나 지식이 아닌 삶의 행동들 속에서 작용하는 무언의 힘, 강제력, 영향력, 반복해서 축적되어온 삶의 방식 속에 존재하는 어떤 상징, 즉 비언어적 상징 같은 것이에요. 그 내용을 언어로 충분히 명료하게 표현할 수 없기 때문에 어떤 사람은 그것을 운이나 운명이라고 말하기도 하고 업이라고 이야기하기도 하며, 순리 혹은 하늘의 뜻, 하늘의 명령이라고 말하기도 합니다. 하지만 동서양의 정치사상이나 정치사를 파헤쳐보면 이런 에너지나 힘, 즉 정치가 우리 삶의 양식 속에서 면면히 존재하고 이어져 내려온 것을 확인할 수 있어요. 이 책 전체에서 다루겠지만, 정치 공부의 필수 4가지 주제가 어떤 것인지 미리 간단히 살펴보도록 해요.

정치 공부의 1번 주제는
공과 사의 문제이다

먼저 첫 번째로 공(公)과 사(私)의 문제를 생각해봅시다. 정치는 우리 개인의 삶과 공동체의 삶을 더 나은 모습으로 만들어가기 위한 일체의 노력이라고 말할 수 있습니다. 하지만 따지고 보면 꼭 정치가 아니더라도 다른 활동들 모두 이런 식으로 규정될 수 있지요. 하지만 정치는 이 노력을 '정치적 방식'으로 실현하고

자 합니다. 그것은 사사로운 영역과 공적인 영역의 구분을 중시하는 것을 으뜸으로 삼습니다. 왜냐하면 정치는 무엇보다 공적 영역의 일을 보살피는 것이기 때문입니다. 한 개인이나 공동체의 일상적 삶이 더 나아지게 하기 위해서 정치는 공적 마음을 발휘해야 합니다. 공적 마음은 사사로운 욕망이나 사적 이익에 의해 정치가 휘둘리지 않도록 합니다.

동서양의 정치사상에서는 이러한 공적 마음을 각각 다른 방식으로 보장하는 장치를 역사적으로 축적해왔습니다. 서양 정치사상에서는 특히 한 개인이나 집단이 사사로운 이익을 추구하도록 내버려두지 않고 권력을 한쪽으로 몰아주지 않는 방식을 제도로 만들었어요. 동양 정치사상에서는 특히 정치에 종사하는 사람이 사적인 이익이나 욕망에 휘둘리지 않도록 하는 장치와 교육이 매우 강하게 진행되었어요. 사를 다스리지 못하면 정치를 할 자격이 없다는 것을 분명히 했던 것이지요.

사를 극복한 자리에 드러나는 것이 공입니다. 동양에서는 이 공을 하늘의 뜻, 또는 천명으로 부르기도 합니다. 서양에서는 기독교의 하나님의 뜻이 곧 사사로운 이익과 대비되는 것이었습니다. 하나님의 뜻이든, 천명이든, 사와 대비되는 공을 강조한 것은 정치가 사사로운 이익이나 욕망의 실현이 아니라는 것을 분명히 하려는 것입니다. 동양에서 정치에 종사하는 사람은 공적 마음을 개인의 한평생에 걸친 삶 속에서 행동으로 배울 것을 의무로 알았습니다. 설사 한 가족의 일이라 해도 부모는 개인적 이해관계에 의해서가 아니라 가족공동체의 공적 가치를 실현하기 위해 노력합니다. 어려서부터 이런 모습을 보고 자라온 사람들은 부모나 친척, 공동체 지도자들의 '말'이 아니라 그들의 '행동'을 보고 배웠던 것입니다. 정치는 무엇보다 말이 아니라 행동으로 드러나는 것이기 때문입니다.

정치 공부의 2번 주제는
원칙과 현실의 관계 문제이다

정치 공부의 두 번째 주제는 원칙(이상)과 현실의 관계 문제입니다. 영국 정치철학자 오우크쇼트는 정치에서 추상적 이념이 현실에 앞서면 자칫 위험할 수 있다고 경고했습니다. 그는 정치에서 이전까지 내려오는 암묵적 관례들을 잘 살피고 그 의미를 조심스럽게 계승하는 성숙한 정치적 능력이 필요하다고 본 것입니다. 그는 섣불리 어떤 이상이나 원칙만을 고집하여 현실을 이리저리 재단하거나 함부로 대했다가는 큰 위험에 빠진다고 보았습니다.

동양에서는 이 문제가 경(經)과 권(權)의 문제로 고대부터 논쟁의 대상이 되어왔어요. 여기에서 경은 기록되어 전해지는 내용, 즉 보편적 규범에 해당하고 행동의 기준이 되는 것입니다. 그에 비하여 권은 우리가 일상적으로 권력, 권위, 권한이라고 말할 때의 의미와 같습니다. 권은 현재 상황에 행사하는 영향력을 가리킵니다. 특정한 행동으로 이끌도록 하는 힘이지요. 오늘날 우리는 일상생활에서 선한 영향력이니 갑질이니 꼰대니 위계에 의한 범죄니 하는 것과 같이 '권'과 관련되는 온갖 이야기를 이미 사용하고 있습니다. 그런데 동양 정치에서는 힘과 영향력, 강제력을 지칭하는 이 '권'이 결코 홀로 존재하지 않고 반드시 '경'과 함께 나란히 존재합니다. 경은 일종의 표준과 같은 것입니다. 동양에서 권력의 행사는 언제나 표준과 더불어 존재하며 그러한 한도에서 유의미한 것입니다. 그래서 정치가 오로지 권력과 동일시된 것은 동양 정치의 관점에서 보면 불완전한 것이라고 할 수 있지요.

정치 공부의 3번 주제는
정치에서의 도덕과 법(제도)의 관계 문제이다

정치 공부의 세 번째 주제는 정치에서의 도덕과 법(제도)의 관계 문제입니다. 어떤 사람들은 정치에서 도덕을 이야기하면 '맥락을 이탈한 도덕주의'로 비난하곤 합니다. 이런 냉소적 태도는 어쩌면 일체의 정치적 문제를 도덕성이나 개인 인성의 문제로 치환해버리고 그것에 원인을 돌려버리는 데서 오는 반작용이라고도 할 수 있겠지요. 하지만 이런 냉소적 태도는 정치에 대한 심각한

오해에서 빚어진 것입니다.

동서양의 정치사상에서 도덕의 의미는 매우 기본적인 주춧돌과 같은 영역으로 다루어지기에 그것이 현실의 법이나 제도의 받침대가 될 수 있다고 말합니다. 동양 정치에서 법이나 제도를 가능한 한 구체적으로 명시하려고 한 것은 모든 법이나 제도가 담고 있는 도덕적 가치를 잃지 않기 위해서입니다. 그리고 이때의 도덕적 가치라는 것은 구체적인 특정 도덕 행위 규범을 넘어서서 보다 깊은 삶의 가치와 태도를 가리킵니다. 도덕의 차원은 법(제도)의 차원과 동등하게 비교될 수 있는 것이 아니라 법(제도)의 차원을 의미 있게 만들어주는, 바탕이 되는 근본적인 차원입니다.

정치 공부의 4번 주제는
옛 관행과 새로운 혁신의 관계 문제이다

마지막으로 옛 관행(관례)과 새로운 혁신의 관계 문제입니다. 오늘날 기성세대가 이끄는 정치에 혐오감을 가진 젊은 세대는 과도하게 이전 세대의 행동 방식에 반기를 제기하거나 저항하는 경향을 갖습니다. 이러한 경향은 정치라는 영역 전체를 구성하는 수많은 가치 중 특정 가치나 원리, 이념을 부각시켜 그 위주로 판단하려는 정치적 합리주의 때문이기도 합니다. 영국의 정치철학자 오우크쇼트는 이러한 경향성을 젊은이들의 치기 어린 행위가 아니라 정치와 관련하여 모든 인간이 흔히 저지를 수 있는 '추상화의 오류'로 지적하고 있지요. 젊은이든 중장년이든 우리는 삶의 궤적에서 명백히 불합리하거나 부당하게 보이며 부조리하고 불공평하며 모순적으로 보이는 사태에 직면하게 됩니다. 그리고 이것을 시정하기 위해 자신의 삶을 헌신하기도 합니다. 하지만 불행하게도 이 때문에 당연히 함께 존중되어야 할 다른 것들이 또 부당하게 외면되거나 과소평가될 수 있습니다.

동양 정치사에서는 정치에서 '관례의 조심스러운 준수'를 매우 중시했습니다. 하지만 이러한 모습이 곧 수구 보수적인 태도라고 공격할 필요는 없습니다. 관례는 단순히 인습이나 관행과는 다릅니다. 인습이나 관행은 숙고되지 않은 채 무의식적으로 되풀이되고 반복되는 행동 방식이며 그로 인해 수많은 폐단도 함께 계속되고 있다는 뜻이 들어 있습니다. 하지만 관례는 우리가 정치적 행동을 할 때 소중하게 들여다보고 배워야 할 이전의 표준과 같은 것입니다. 그것은 우리 행동의 길잡이이자 안내자입니다. 물론 그 속에 부당한 요소들이 들어 있다면 시정되어야 할 것입니다. 관례는 혁신을 무조건 배제하지 않습니다. 하지만 관례를 충분히 존중하지 않은 혁신은 공허한 구호에 그치게 됩니다.

정치는 한평생 배우면서 실현해가는
삶의 한 모습이다

동서양 정치 전통에서 정치라는 것은 분명히 배우고 익혀서 한평생 실현해야 하는 것입니다. 특히 서양과 달리 동양에서는 정치가 학자이기도 하고 심지어 종교인이기도 했습니다. 존재적으로 서로 다르지 않았기에 동양에서 정치는 곧 종교나 학문과 별도로 진행되는 것이 아니었어요. 이 사실은 동양의 정치가 서양과는 다른 길을 걸어왔다는 것을 의미해요. 서양에서는 정치적 권력이 학문이나 종교와 각각 분리되고 분화되면서 서로 견제하는 역사를 밟았지요. 그 때문에 서로 간의 전쟁과 투쟁, 권력의 분할과 분화로 인한 싸움이 끊임없이 치열하게 전개되었습니다. 그리고 점차 이런 투쟁을 전담하는 계층이 굳어져갔고요.

그러나 동양 정치 전통에서 정치는 학자이면서 종교인이기도 한, 존재적 위상이 겹치는 사람이 이끄는 것이었습니다. 그들에 의해 이끌어지는 정치는 사실 모든 사람이 나날의 일상생활에서 구체적으로 실현해가는 활동과 분리된 것이 결코 아니었습니다. 나날의 일상생활이 개인이든 공동체든 사사로운 특정 개인의 이익에 의해 놀아나지 않고 공동의 가치가 실현될 수 있도록 공적 마음을 키우는 일이 정치였습니다. 또한 어떤 사람이나 어떤 조직이 정치적 권력이나 강제력을 행사하기 위해서는 반드시 그러한 권력 행사의 표준과 근거가 분명히 병행되었습니다. 정치는 단순히 권력 발휘 이상이기 때문입니다.

동양의 정치 전통에서 법이나 제도는 도덕과 분리될 수 없지만 그때의 도덕은 행위의 도덕이 아니라 정신의 도덕성, 공적 마음의 도덕성이었습니다. 이렇게 하여 동양은 정치를 수많은 관례의 연속체로 구축해왔던 것입니다. 이러한 관례를 따르는 과정에서도 혁신을 무조건 외면하지 않는 방식으로 정치를 실행해왔습니다.

오늘날 우리의 처지에서 볼 때 동서양의 정치가 제시하는 4가지 정치 교육의 주제들은 모두 유의미한 것들로 가득 차 있습니다. 오늘날만큼 공과 사의 구분이 흐트러진 시대가 있을까요? 저마다 공적 명분을 내세우면서 사리사욕을 채우는 것이 정치만큼 두드러진 것도 없을 지경입니다. 이때 공과 사의 문제를 정치 교육의 핵심 원리로 삼는 것은 매우 중요합니다.

그뿐만이 아닙니다. 오늘날만큼 정치에서 도덕의 의미가 혼란스럽게 사용된 적은 없었을 것입니다. 도덕을 단지 낱낱의 행위로밖에 볼 수 없는 협소한 태도가 정치를 나아지게 하지 못하는 걸림돌이 되고 있습니다. 수많은 감정의 소용돌이 속에 저항과 분노를 부추기는 정치적 구호들은 난무하지만 관례와 혁신의 미묘한 균형을 몸소 실현하기 위한 노력들은 이 속에서 충분히 주목의 대상이 되고 있지 못한 형편입니다. 우리의 눈과 우리의 관심과 우리의 욕망과 우리의 의지는 계속 엉뚱한 곳으로 내달리고 있는 것이 아닐까요? 더 이상 정치에서 관중의 위치를 반복하지 말자고 하면서도 정작 우리의 정치적 안목과 정치적 통찰은 제자리에 머물고 있는 것은 아닐까요? 이제부터라도 우리는 동서양 정치의 정치 교육에서 중요하게 탐구되고 실천되어왔던 앞의 4가지 주제를 차근차근 따져볼 필요가 있습니다. 앞으로 이 책에서 다루는 내용은 모두 이 주제들과 관련되어 있습니다.

〈라 마르세예즈〉 노래의 슬픔

프랑스혁명 정신과 정치-시민의 출현

정치-시민(Politico-Citizenship)이 되는 연습을 하고자 할 때 과연 '정치-시민'이라는 개념이 무엇인가 생각해볼 필요가 있습니다. 이 개념은 언뜻 쉬워 보이지만 정작 그 핵심을 정의하는 일은 쉽지 않아요. 이 개념은 역사적 맥락과 무관한 것이 아니기 때문이에요. 모든 개념은 역사성을 품고 있답니다. 정치-시민은 단지 특정 도시에 거주하는 구성원이라는 의미 이상을 갖고 있어요.

시민은 그 자체로 정치나 경제, 법과 긴밀하게 관련되어 있습니다. 정치-시민은 정치를 시민적 관점에서 성찰해보려는 삶의 태도를 가진 사람이고 또 그에 충실한 실천을 각자의 위치에서 다양하게 실현해가는 사람을 가리킵니다. 정치-시민은 직업적 정치인이나 도덕적 시민과도 다릅니다. 먼저 정치-시민이 되는 공부를 둘러싼 어려움을 몇 가지 생각해보도록 하지요.

정치-시민 되기 연습에는
2가지 어려움이 존재한다

첫째는 정치-시민 되기 연습은 '외부로부터' 주입되는 연습이 되지 않도록 조심해야 하는데 이것이 첫 번째 어려움이 되기도 합니다. 반공통일교육, 국민윤리교육, 민주화교육 등과는 조금 차이가 있습니다. 이런 교육들은 교육계 외부의 위정자들이나 정당인, 교육행정가들에 의해 그 교육 내용이 특정 내용에 집중될 가능성이 있습니다. 또한 외부의 절박한 요청이나 목적에 의해 내용이 구성되는 측면이 있어 그 목적을 달성하는 데에 알맞은 사실과 내용들로 초점이 맞춰질 수 있어요. 일제강점기 일본 제국주의 교육자들이나 정치가들이 황국신민교육을 강제하던 관행이 해방 이후에 말끔히 사라졌다면 이런 걱정을 하지 않아도 되겠지만, 안타깝게도 지금 정치 현실에서는 비슷한 모습이 적지 않게 보이고 있기 때문이죠.

외부에서 누군가 힘이 있는 사람이 중요하다고 판단되는 공동체 전체의 당면 과제를 집중적으로 '주입하고 의식화시켜야 할' 어떤 것으로 구성하고 교육 관계자들이 학교 수업에서 충실하게 이행하는 것을 상상해봅시다. 이 경우, 설사 그 내용이 바르거나 가치 있는 것이라 하더라도 상당히 일그러진 모습이 될 가능성이 있습니다. 예를 들어 지금 우리가 함께 살펴볼 '프랑스혁명과 시민성의 출현'이라는 내용도 국민 교육으로 다룬다고 하면 심드렁하지 않을까요?

둘째는 '내부로부터의' 혼란이 일으키는 가치관의 충돌 문제입니다. 이것은 정치-시민 되기 연습을 도덕윤리적 관점에서 성찰하고자 할 때 부딪칠 수밖에 없는 가치관이 서로 대립하는 경우입니다. 정치-시민성을 구성하는 내용 자체가 정치적, 경제적 이해관계의 대립들을 전제로 하기 때문에 대립된 관점들이 모두 존중되지 못하고 어느 한쪽 관점이 과도하게 대표성을 갖고 교육의 내용으로 다뤄질 가능성이 있습니다.

첫 번째 어려움보다 두 번째 어려움이 더 심각합니다. 외부로부터의 통제는 저항하며 독립을 유지하려는 힘으로 그럭저럭 헤쳐나갈 수 있습니다. 하지만 내부로부터의 혼란은 모든 힘을 스스로 파괴하기 때문입니다. 결국 정치-시민 되기 연습은 보편적이고 통합적인 중심을 잃게 됩니다. 그렇기 때문에 우리는 이 책에서 특히 두 번째 어려움, 즉 내부로부터의 혼란을 일으키는 것들에 주의를 기울여볼 것입니다. 이를 위해 우리가 주목해볼 부분은 정치에 영향을 미치는 지식인들입니다. 지식인들은 단지 어떤 개념이나 사상 그 자체가 아니라 그것들을 촉발시키고 퍼뜨리며 공유하거나 변절시키고 왜곡하는 사람들이기도 합니다. 그래서 그들의 정치-시민적 삶의 모습과 태도, 그들이 사회 공동체나 지역사회에서 어떻게 피었다가 스러지는지, 혹은 발전하거나 쇠락하고 변질되는지, 그들 지식인의 삶을 통해 확인해보는 것을 목적으로 할 것입니다.

프랑스혁명 시기의
정치-시민 볼테르의 파란만장한 삶

프랑스혁명과 시민성의 출현과 관련하여 집중적으로 살펴볼 정치-시민은 볼테르입니다. 루소와 더불어 프랑스혁명 정신을 그 자신의 삶 속에 흠뻑 반영하고 있는 정치-시민의 한 사람인 볼테르의 삶을 짤막하게 요약한 연보 일부를 발췌해보았습니다. 함께 읽어볼까요? 프랑스혁명 직전의 사회정치 및 사상적 분위기를 맛볼 수 있을 것입니다.

1694 루이 14세 치하 프랑스 파리의 유복하고 교양 있는 중산층 가정에서 출생하다.

1704 예수회에서 경영하는 중학교에 7년간 다니며 귀족 자제들과 교류하다. 사제의 소개로 귀족클럽(탕플르회)에 가입하여 수많은 자유사상가와 사귀면서도 학업에도

우수하며 역사와 정치 과목에 흥미를 보이다. 고대의 위대한 작가들에게 찬탄을 보이면서도 파리의 자유로운 기질, 상공계급의 실용적 경제 정신도 길러가다.

1715   루이 14세 사망 이후 섭정이 시작되나, 섭정에 반대하는 풍자글을 썼다가 추방되다. 2년 후 바스티유 감옥에 투옥되다.

1726   귀족 기사에게 대들었다가 다시 바스티유 감옥에 수감되고 영국으로 추방되다. 상속받은 유산을 투자로 늘려 재산을 증식하다. 영국으로 건너가 영어를 배우며 영국 여왕에게 헌정하는 책을 예약 출판하기도 하다. 영국에서 뉴턴의 자연철학과 로크의 경험론, 셰익스피어의 문학을 발견하다.

1727   뉴턴의 장례식에 참석하고 큰 감동을 받다. 과학자의 유해가 귀족들에 의해 웨스트민스터 장지까지 운반되는 사실에서 과학을 중시하는 영국 문화의 우월성을 느끼다.

1729   주식과 상거래로 부를 축적하면서 작가로서의 독립을 확보하다.

1734   정치, 종교, 사상, 언론 출판의 자유를 누리면서 시민사회의 길을 걷던 영국을 소개하면서, 영국식 정치 제

도를 이상화하고 프랑스의 구제도를 비판한 책을 써서 체포령을 받다. 연인이자 실험 과학자인 샤틀레 후작부인의 성에서 자연과학, 오락에 전념하다. 친구들을 초대하여 극장을 만들고 자신이 쓴 코미디나 오페라를 공연하다.

1742   오스트리아 계승 전쟁에서 프리드리히 2세를 프랑스 왕으로 끌어들이기 위한 외교적 임무를 띠고 프리드리히를 만나러 가다.

1748   아카데미 프랑세즈에 선출되다. 몽테스키외의 『법의 정신』이 출간되다.

1755   루소의 『인간 불평등 기원론』이 출간되다. 리스본 대지진 소식을 들은 후 즉각 「리스본 재해에 관한 시」를 써서 이듬해에 발표하다.

1758   제네바 근처 프랑스 영토 페르네 농지를 구입하다. 반체제 저서 『캉디드』에 판매 금지령이 내려지다. 페르네에 영구 정착하다. 그 후 자신의 말대로 "유럽의 여인숙" 주인이 된 볼테르는 페르네 성에 수많은 방문객, 소국왕, 작가, 여러 나라의 찬미자들을 받아들이다. 그는 프로이센의 프리드리히 2세, 러시아의 예카테리나 여제, 폴란드 왕, 스웨덴 왕, 덴마크 왕과 활발

한 서신 교환을 했으며, 페르네에서 6,000통에 달하는 편지를 썼다. 그는 희곡을 공연하고 스스로 배역도 맡는다. 또한 사업적 수완과 실용 감각으로 페르네 지역을 개화시킨다. 늪을 건조시키고 100채 이상의 집과 학교, 병원, 극장, 교회를 지었으며, 저수지와 분수를 기증했고, 시장을 세웠다. 주변 서민들에게 무이자로 돈을 빌려주고, 1771년 기근이 들었을 때는 주민들을 먹여주기도 했다. 나무도 심고, 인조 초원을 만들어 목축을 발전시켰으며, 무두질 공장을 세웠고, 비단 양말과 시계도 제조했다. 젝스 지방의 세금을 없애어 주민들이 그를 은인으로 생각했다. 쥐라 산맥의 농노도 해방시켰다. 그에게 페르네는 실험장이며 증명이었다. 마흔 명의 야만인 소굴이 쓸모 있는 주민 1,200명이 사는 작은 도시가 되다.

1762 가톨릭교도인 아들을 살해했다는 누명을 쓴 신교도가 처형당하는 사건이 발생하였는데, 가톨릭 판사들이 유력한 증거도 없이 아버지가 종교상의 이유로 아들을 살해했다고 잘못 판결한 것이었다. 볼테르가 3년 동안의 서류 조사로 무죄를 입증해내고 명예를 회복시킨다.

1772 그는 사법상의 모든 오류를 언론에 터뜨리면서, 사법 제도의 악폐가 개혁되기를 강력히 요구한다. 그가 쓴 비극 「미노스 법」은 주인공 왕이 사제와 귀족들에 대항해 무력으로 악법을 폐지하고 광신을 무너뜨리는 내용이다.

1773 과중한 작업으로 심각히 아프다.

1776 『해설 성경』을 출판하다.

1778 84세의 나이로 28년 만에 파리로 금의환향하다. 아카데미와 코메디 프랑세즈의 대표단, 다수의 대귀족, 왕족이 그에게 와서 경의를 표하다. 프랑스 주재 미국 대사였던 벤저민 프랭클린도 손자를 데리고 와서 볼테르의 축복을 받게 하다. 연극 〈이렌느〉의 여섯 번째 공연에 참석한 그는 관중의 열광적 환호 속에서 배우들이 자신의 흉상에 관을 씌우는 것을 본다. 3개월간의 영광된 나날 후에 그는 신처럼 떠받들리다 죽는다. 몇 개월 전부터 마지막 신앙고백 문안을 작성하다. "난 하느님을 숭배하며, 친구들을 사랑하며, 적을 미워하지 않으며, 미신을 혐오하며 죽는다." 그의 기독교식 매장이 문제를 야기한다.

1785 보마르셰의 지휘하에 독일에서 그의 전집이 출판되다.

1789	프랑스혁명이 일어나다.
1791	60만 민중의 환호 속에 그의 유해가 팡테옹으로 이장 되다. 10만 명의 남녀가 참여하다.[1]

프랑스혁명 직전의 정치-시민 볼테르가 우리에게는 다소 낯설어도 당시 유럽 사상계의 분위기를 알 수 있는 내용입니다. 여러분은 볼테르라는 정치-시민에게서 두드러지는 것을 발견할 수 있었나요? 그것은 복잡한 지식인의 모습입니다. 페르네 도시 건설 작업이나 유럽 각국의 귀족 및 왕족과의 수천 통 서신 거래 등은 지금으로서는 상상하기 힘든 모습이잖아요. 그는 귀족과 싸우지만 결코 민중적이지도 않지요. 부르주아 계급의 특기인 재테크에도 아주 유능합니다. 주식투자와 토지 구입, 재산 증식 활동이 바스티유 감옥에 투옥되는 것이나 학문과 예술, 판매금지나 추방, 사법 제도와 투쟁하는 것과 모순되지 않으며 공존하고 있어요. 볼테르는 프랑스의 낡은 체제를 비판하면서 영국 문화를 선망하지요. 옛날이나 지금이나, 서양인들이나 동양인들이나 모두 이국적인 것을 동경하고 자국의 것이 갖는 가치는 덜 알아보게 마련입니다.

---

1) 볼테르, 『캉디드』, 김미선 옮김, 을유문화사, 1994, 239~248쪽에서 발췌.

복잡다단한 지식인 볼테르가
그래도 존경받은 이유는?

프랑스혁명 시기의 민중들에 의해 엄청나게 환호를 받은 그는 무엇 때문에 그렇게 존경을 받게 된 것일까요? 프랑스혁명 전후로 유럽과 미국의 독립사상을 뒤흔들던 정신은 자유와 평등과 박애라는 개념으로 이미 널리 알려져 있지만, 아마도 가장 큰 것은 "배타적 특권으로부터 동등한 권리로"라는 표현과 "과학적인 이성의 예찬과 부당한 구속으로부터의 자유, 그리고 인간애와 관용"과 같은 것들이 새로운 지식인층에 의해 열렬하게 수용되고 전파된 것입니다.

그러나 이러한 열정은 이후 프랑스에서 100여 년 동안이나 엎치락뒤치락 계속되는 불안정한 정치경제 및 사회문화적 투쟁을 예고하였습니다. 이 시기에는 미국의 독립선언문, 프랑스혁명의 인권선언문뿐만 아니라 여성들의 인권선언, 농노들의 항쟁도 표출되고, 국가 간 전쟁, 구교와 신교의 전쟁 등 그야말로 여러 전쟁이 연이어 발생했습니다. 프랑스혁명은 수많은 열정을 토해냈고 인간의 삶에 대한 가능성과 전망을 이전과 다른 방식으로 표출하기 시작했다는 점에서 혁명이라고 이름 붙일 만합니다. 그것이 정신의 혁명이든 물질의 혁명이든 사회관계의 혁명이든 여러 가지가 복합적으로 쏟아져 나온 것이기에 분명 의미가 있습니다.

물론 프랑스혁명의 시기가 진짜 인류의 진보를 가져온 시기인 가에 대해서는 그들 사이에서도 아직 논쟁 중입니다. 특히 프랑스혁명 직후 반동의 시기를 겪은 지식인들은 회의의 시각을 많이 드러냈지요. 그야말로 '진보는 반동과 함께 손을 잡고 온다'는 것을 역사적으로 경험한 것입니다. 하지만 성공 여부와는 별도로 일정 시기에 쏟아져 나온 시민정신이나 인권 개념에는 분명히 음미할 만한 내용이 있습니다. 그리고 볼테르에게서 이러한 의미 있는 정신이 발견되기에 그가 비록 복잡다단한 인물이었어도 존경받는 혁명기의 정치-시민이 될 수 있었습니다.

〈라 마르세예즈〉 노래의 슬픔

〈라 마르세예즈〉는 외세(오스트리아)의 무력 침입에 저항하기 위해 조직된 (정규군이 아닌) 마르세유 시민 용병부대의 투쟁을 북돋우기 위해 프랑스 장교에 의해 하룻밤 만에 지어진 노래입니다. 우리나라로 치면 의병의 투쟁을 북돋우기 위한 군가 정도가 되겠네요. 그런데 이 노래를 지은 장교는 프랑스혁명과는 오히려 반대 위치에 있었던 사람입니다. 노래가 북돋우려 한 외세인 오스트리아와의 싸움 역시 하루이틀의 것이 아니었기에 오늘날 우리가 생각하듯이 그렇게 비장하고 열렬한 마음에서 출발한 것은 아닙니다. 이 노래 가사 중에는 군가 특유의 잔혹한 내용도 적지 않습니다. 하지만 역사적 정신과 꼭 맞아떨어진 이 노래는 당시 프랑스혁명 정신의 열정을 대변하는 노래로 수없이 울려 퍼지게 됩니다.

〈라 마르세예즈〉가 담고 있는 정신이 분명히 있습니다. 부당한 것을 외면하거나 굴종하지 않고 분연히 떨쳐 일어나는 것, 그것이 외세의 침략이든지, 인간에 대한 부당한 대우이든지, 부패한 정치에 대한 저항이든지, 인간의 생존을 위협하는 기본적 권리의 침해에 대한 항의라고 할 수 있습니다.

그런데 〈라 마르세예즈〉는 노래 자체로도 수많은 역사적 굴곡을 겪습니다. 마르세유 시민 용병들이 외세에 맞서 프랑스를 지키는 저항행위를 격려하는 노래가 프랑스 국가가 되기까지에는 프랑스와 서유럽의 역사가 녹아 있습니다. 프랑스가 독일과 싸울 때에도 〈라 마르세예즈〉는 레지스탕스의 투쟁정신을 대변하기도 했고, 심지어 서유럽의 사회주의자들이나 러시아 사회주의자들도 이 노래를 부르면서 투쟁정신을 고취했습니다. 그리고 결국 프랑스의 국가로 결정되었지요.

하지만 무엇을 위한 투쟁이고 무엇을 위한 저항이었을까요? 투쟁과 저항은 여러 가지 역사적 요인들과 복합적으로 작용하면서 본래의 목적이나 의미가 훼손되기도 하지 않나요? 특정한 역사적 공동체의 경험과 맥락, 그리고 가치의 맥락에서 탈각되어 그 자체로 추구되기 시작하면 문제가 발생합니다. 여러분 모두 이 기회에 프랑스혁명에서 기인한 '인권선언문' 전문을 한번 차분히 읽어보기 바랍니다. 그런데 읽을 때에 주의할 점이 있습니다. 누가, 어떤 사람들이 주도해서 어떤 용어를 사용하면서 작성된 것인지 관심을 기울여보기 바랍니다. 누가 주도해서, 누가 주체로 참여하는가가 매우 중요하기 때문입니다.

여러분이 익히 들어왔듯이 프랑스혁명 정신에서 등장한 인권은 분명히 '모든 인간'을 위한 것이라고 주장되었습니다. 하지만 슬프게도, 그것을 주도한 계층이나 그것을 이끌어간 사람들의 이해관계가 더 많이 개입되면서 프랑스혁명 정신도, 〈라 마르세예즈〉 노래의 정신도 점차 분열되거나 추상화되거나, 심지어 왜곡되기까지 하였습니다. 이런 일을 역사적으로 경험한 서양의 일부 지식인들은 인간의 '일반적이고 보편적인' 권리라는 것은 가능하지 않은 비현실적이고 낭만적인 주장에 불과하다고 말합니다. 그것은 유토피아적인 주장이며, 결국 현실에서는 권력을 쥔 사람들이 활용하는 구호일 뿐이라는 것입니다.

그러나 분명히, 프랑스혁명 시기의 지식인들의 주장에는 울림이 있습니다. 그들이 인간이라면 누구나 일반적이고 보편적으로 보호되고 지켜져야 하는 권리가 있다는 것, 그리고 그것을 스스로 깨달아 알고 그를 위해 사회적 실천에 나설 줄 아는 사람들이 정치-시민이라고 생각했습니다. 그들은 자신이 부여받은 신분이 귀족이든 평민이든 상관하지 않고 신분적 한계를 넘어서고자 했습니다. 이러한 움직임은 분명 의미가 있는 것이어서 많은 호응을 얻었습니다. 그리고 인권선언이 이루어진 지 몇 년 안 되어 프랑스 여성들에 의해 '여성인권선언'도 발표되는데요. 이 내용도 흥미롭습니다. 프랑스혁명 시기에 여성들이 독자적으로 인권선언을 발표한 것입니다.

프랑스혁명 정신은
아직도 계속되고 있는 미완성의 정치 활동이다

프랑스혁명 이후에 적지 않은 역사가들이 결국 이 혁명은 신흥자본가(신흥 상업 및 산업) 계층(부르주아)을 위한 운동이었다고 말하면서 그 한계를 지적합니다. 그럼에도 불구하고 이때의 신흥자본가 계층이 오늘날 전 세계적으로 무소불위의 힘을 발휘하는 자본가 계층과 똑같다고 보기는 어렵습니다. 그리고 프랑스혁명 시기를 통해 분출된 인간 보편의 권리의식에 대한 자각이나 그것을 지켜내기 위한 용기 있는 실천, 그리고 그것을 북돋우는 〈라 마르세예즈〉의 노래에 환호했던 사람들의 문제의식까지 폄훼할 수는 없을 거예요.

하지만 그렇다고 해서 무조건 어느 시대, 어느 상황에서나 자유와 평등, 박애 정신, 저항 정신이 적절하게 동등한 인권을 위해 성공적인 실천을 했다고 말하기도 어렵습니다. 결국 이 문제는 어떤 가치 있는 정신의 탄생과 그것을 사사로운 권력과 이익을 위해 이용하는 사람들에 의해 왜곡시키는 것의 문제입니다.

생명의 존엄성과 직업의 평등은 특히 오늘날 전 세계가 코로나와 전쟁을 겪으면서 드러난 공동체의 민낯과도 긴밀하게 관련됩니다. 수많은 차별과 생명 경시, 과학적 데이터로 가려지고 합리화되는 목숨, 생존, 생명에 대한 온당한 권리 등입니다. 프랑스혁명 정신에서 출현한 정치-시민은 분명 신분의 제한을 넘어 인간 보편의 권리를 자각하게 했지만 생명 경시와 차별 문제는 오늘날 우리 공동체에서 더 심각하고 근본적인 문제를 보게 한다는 것이지요. 오늘날의 정치-시민은 사회정치적 권리를 위해 자신의 목소리를 제대로 낼 수 없는 존재들, 그런 일체의 사회정치적, 공동체의 벽들에 대해 문제를 제기할 수 있는 사람을 가리킵니다. 그렇기에 프랑스혁명 정신은 아직도 계속되고 있는 미완성의 정치 활동이라고 말할 수 있겠습니다.

제 2 장

누구
마음대로?

우리가 처음 정치에
눈을 뜨게 될 때

정치 공부 두 번째 이야기를 시작하겠습니다. 두 번째 이야기의 제목은 '누구 마음대로?'입니다. 정치에 대해 생각해보기 시작할 때 유명한 정치학자들 중에는 '투표'를 먼저 이야기하기도 하고, 또 '공정'이나 '정의로움'에 대해 먼저 이야기하기도 하지요. 하지만 나는 여러분들과 '누구 마음대로' 모든 일들이 이루어지고 있는지 제일 먼저 생각해보려고 합니다.

우리가 이 세상에 태어나 부모님의 보호와 사랑에 의해 무럭무럭 자라며 친구들과 놀고 학교에서 공부하며 남는 시간에 내가 하고 싶은 취미활동을 하며 살았던 어린 시절에는 잘 몰랐던, 어떤 일들이 나 자신과 세상에서 일어나기 시작합니다. 어느 순간부터 나 혼자 무엇인가를 성취해보고 싶고 인정받고 싶어지기도 하고, 나의 사생활에 부모님이 개입하면 기분이 상하기 시작합니다. 나의 의견이 부당하게 묵살되면 참기 어려운 분노심도 생깁니다.

이러한 감정과 느낌은 세상의 일들을 접하면서 더욱 증폭됩니다. 뉴스에 나오는 기사들을 접하면서 우리는 우리가 살고 있는 공동체로서의 국가와 사회가 우리 집이나 우리 학교와는 다른 방식으로 굴러가고 있는 것을 알게 되지요. 그리고 공동체로서의 사회나 국가가 '그렇게 완전한 모습은 아니구나'라는 사실을 자주 확인하게 됩니다. 억울한 일을 겪는 사람들도 적지 않고, 사람들 사이에서는 크고 작은 차별이 있으며, 국가들 사이에도 힘이 강한 쪽에서 오만한 권력 행위를 벌이는 모습도 보이는 거지요. 직업적 정치인들 중에는 도덕적 자질이 부족한 사람들도 흔하게 발견됩니다. 한 나라를 맡아 운영하는 공무원들 중에도 각종 비리 혐의로 처벌을 받는 사람들도 늘어나는 형편입니다. 세상은 이렇게 연일 정치적 문제들과 관련된 복잡다단한 뉴스거리로 가득 차 있지만, 정작 별반 달라지는 것은 없어 보입니다.

더 이상 정치에 관해
생각하고 싶지 않다는 푸념

물론 여러분 중에 누구는 이렇게 푸념할지도 모르겠네요. '정치가 내 마음에 들지는 않는군. 우리 사회도 완벽하지 않아. 고위 공직자들은 부정부패를 저지르고, 가난하고 힘없는 사람들은 억울한 일을 겪지. 하지만 무슨 상관인가? 나는 장래 직업 희망이 대통령이나 국회의원이 아닌데…… . 나는 직업으로서의 정치에는 별로 관심이 없어. 내가 관심을 갖는다고 정치가 바뀌는 것도 아니야. 내게는 내 삶이 더욱 중요하다고. 내 삶의 성공이 내게는 가장 우선순위야. 정치야 뭐 알아서 하든 말든…… . 더 이상 정치에 관해 생각하고 싶지 않아.'

그렇습니다. 이 친구의 푸념처럼 직업적인 정치인이나 야심 찬 정치 지망생을 제외하면 대부분의 우리 일반인들에게 정치는 사실 당장의 내 삶과는 조금 동떨어져 있는 것처럼 보이고, 더군다나 흥미로운 일도 아닌데도 언론을 통해 항상 문제, 문제, 문제들만 계속 드러나니 때로는 지겹기까지 하지요. 정치는 혐오스럽거나 뭔가 막혀 있는 거대한 벽과도 같아서 나와는 별 상관이 없는 것처럼 생각되기도 합니다. 하지만 과연 그럴까요? 정치는 사실 한 개인이 이 세상에 태어나 삶을 마감할 때까지 평생 그 사람의 개인적 삶과 그가 속한 사회 공동체의 모습을 형성해가는 매우 중요한 활동 중의 하나입니다. 다만 우리는 그것을 정치 활동이라고 눈치채지 못하는 경우가 많습니다. 다음의 짧은 에피소드를 함께 살펴볼까요?

오랜 친구 사이인 A, B, C가 뜻을 모아 ○○마을에 집을 구해 1년 동안 함께 살기로 했다. 그들은 마을 이웃들에게 인사를 할 겸 기념 떡을 사서 돌리기로 하였다. 떡집 근처에 볼일이 있던 B가 자신의 돈으로 떡을 사 왔다. B는 떡값으로 ○○원을 지불했다고 다른 친구들에게 말했다. 그 말을 들은 A는 웃으며 "그 떡값은 내가 낼게"라고 말했다. 그 말에 B는 기분이 좋지 않았다. "떡값을 왜 네가 다 낸다는 거야? 그럼 떡값을 말한 내 입장이 뭐가 돼? 나만 인색한 사람이 된 거잖아." 잠자코 있던 C가 말했다. "그럼, 우리 이렇게 하자."

여러분은 C가 무슨 말을 했을지 짐작할 수 있나요? 가장 쉬운 해결책은 세 사람이 균등하게 3등분해서 비용을 부담하는 것입니다. 하지만 C는 이와는 다른 제안을 할 수도 있습니다. 가령 C는 이렇게 말할 수도 있습니다. "떡을 사서 돌리자고 제안한 사람이 A이고 A가 먼저 자기가 흔쾌히 비용을 다 부담하겠다고 하니 그냥 받아들이자. 우리는 돈을 안 내도 되니 좋지 않아?" 만약 C가 이렇게 말했다면 우리는 이 세 사람의 인간관계나 재정적 능력, 성격 등과 관련해서 희미하게나마 짐작할 만한 것이 생깁니다. 만약 여러분이라면 위의 두 가지 대답 외에 또 어떤 다른 제안을 할 수 있겠습니까?

내가 여러분과 생각해보고 싶은 점은 이 세 사람이 상황에 대처하는 태도와 생각이 각각 다르다는 것입니다. 이 차이는 무엇일까요? 이 차이는 단지 세 사람의 개인적 성격의 차이에 불과한 것이 아닙니다. 이 세 사람의 가치관, 구체적으로 정치적 관점의 차이가 이러한 태도의 차이를 낳은 것입니다.

기부금 나눠 가지기 게임

자, 이제 또 다른 에피소드를 살펴볼까요?

___ ○○국가 ○○대학 연구소에서는 학생들을 대상으로 다음과 같은 실험을 실시하였다. 학생들에게는 다음과 같은 내용이 제안되었다. 어느 부자가 거액을 기부하였다. 한 가지 조건은 그 기부액을 상대방과 나눠 가질 때 반드시 상대방과 합의를 해야 한다는 것이었다. 학생들은 각각 2명씩 짝을 지어 거액의 돈을 둘이 나눠 갖도록 하였다. 실험이 진행되면서 다양한 금액들이 제시되었고 제시된 금액에 따라 학생들은 때로는 합의를 이루기도 하였으나 적지 않은 경우 합의에 실패하였다. 연구소 측은 실험 결과를 보고 매우 특이한 점을 발견하였다. 즉, 어떤 학생들은 자신에게 공짜로 돈이 생기는 행운을 기꺼이 거부하였다는 점이다. 그들이 거부한 이유는 기부금이 '부당하게' 배분된다고 생각했기 때문이다. 하지만 또 다른 학생들은 '부당한가 아닌가'와는 상관없이 자신이 공짜로 받게 될 돈에만 관심이 있었다. 그래서 그들은

상대방이 아무리 불공평한 금액을, 즉 상대방이 95%까지 더 많이 갖겠다고 말해도 묵묵히 그 제안을 받아들였다.

이 사례를 보면 흥미롭습니다. 어떤 학생들은 자신에게 공짜로 돈이 주어지는 행운까지 거부하였고 어떤 학생들은 오로지 자신에게 돈이 공짜로 주어지는 것에만 관심을 기울였습니다. 어떻게 해서 이러한 차이가 생기게 되었을까요? 왜 어떤 학생은 자신에게 이익이 되거나 손해가 되는 것보다 더 중요한 것이 있다고 생각했을까요?

이 대학의 실험 결과에서 신기한 점은 바로 이것입니다. 우리가 자연스럽게 예상할 수 있듯이 모든 학생, 그야말로 예외 없이 전부가 '공짜로 돈을 준다는데 마다할 수가 있겠어?'라는 생각으로 그저 자기에게 돈이 얼마나 주어지는지 그것에만 관심을 두지 않았다는 점입니다. 대다수는 아니지만 어떤 학생들은 공짜로 주어지는 이익을 덥석 받아들이기 전에 잠깐이나마 생각하고 거절까지 하고 있습니다. 개인적인 행운과 이익만이 전부가 아니게 하는 뭔가가 있다는 것이지요. 과연 이런 차이는 왜 생기는 것일까요?

공동체는 오직 돈의 힘으로만 운영되지 않는다

다시 앞의 사례로 돌아가보겠습니다. A가 돈을 다 내겠다고 하지만 B는 그것을 반가워하지 않습니다. B는 성격상 예민한 게 아니라 뭔가 다른 것을 보고 있기 때문입니다. A는 자신의 경제 능력을 믿고 매번 자신이 하자는 대로 할 수도 있습니다. 떡을 돌릴 때 말로는 세 사람이 공동으로 선물하는 것이라고 해놓고 사실은 자기가 다 지불했다고 자기의 공을 사람들에게 내세울 수도 있습니다. 이 세 사람 사이의 힘의 균형 관계가 어느 한 사람을 중심으로 지나치게 기울어질 수 있는 것이지요. 세 명이 동등한 친구처럼 보이지만 사실은 A가 권력자이고 C는 항상 그 수혜를 입고 좋아하며 A가 하는 말이라면 무조건 따르는 사람일 수도 있습니다. B가 이의를 제기한 것은 이 때문일 수도 있습니다. 이 세 사람 사이의 권력이 실질적으로 균형을 이루고 있지 않다면, 즉 언제나 A를 중심으로 진행되고 있다면 B가 느끼는 불편함에는 타당한 점이 있는 거예요.

기부금을 분배하는 실험에 참가한 학생들의 사례도 마찬가지입니다. 자신에게 공짜로 돈이 주어지기만 한다면 어떤 비율로 배분되더라도 합의해줄 수 있다고 생각하는 학생들이 있는 반면에, 부당한 배분은 공정하지 않다고 판단하고 그런 결과로 주어지는 불공정한 혜택은 받아들이지 않겠다는 학생들도 있습니다. 이들은 돈이 싫어서가 아니라 불공정한 관행을 받아들이는 것이 싫은 것입니다. B와 마찬가지로 이 학생들은 자기 개인에게 이익이 되는가 아닌가를 가장 중요한 결정의 근거로 삼고 있지 않습니다. 만약 기부자가 '상대방과 반드시 합의해야 한다'는 조건을 내걸지 않고 '상대방과 공정하게 분배하고 합의해야 한다'는 조건을 내걸었다면 어떻게 되었을까요? 학생들이 공정과 이익의 상호 관계에 대해 조금 더 고민하는 계기가 되었을지도 모릅니다.

이 두 가지 에피소드에는 이번 장의 주제인 '누구 마음대로?'의 핵심 내용이 모두 들어 있습니다. 우리는 모두 한 개인으로서 성공적인 삶을 살기 위해 열심히 노력합니다. 하지만 우리 개인의 삶은 순전히 내 마음대로 되는 것만은 아닙니다. 이 세상에 태어나게 해주신 부모님, 내가 일궈가는 가족의 삶, 오랫동안 전해오는 가치 있는 문명들을 배우고 익힐 수 있게 해주는 학교 사회의 삶이 있고, 삶의 성공을 위해 계획하고 노력하는 모든 일이 실현되거나 좌절되게 만드는 이 사회 속의 공동체 일원으로서의 삶이 있습니다. 첫 번째 에피소드의 B나 두 번째 에피소드의 기부금 부당 분배 거부 학생들은 결코 일부 극소수의 모습이 아닙니다. 우리 모두의 내면에 어느 정도는 품고 있는 생각이기도 한 것이지요.

공동체는 오직 소수의 권력자들에 의해서만 움직이지 않는다

물론 우리 중에는 B가 아니라 A를 더 자신과 동일시하는 사람도 있을 것입니다. 이 사람의 속마음은 이럴지도 모르겠습니다. '나는 학력과 경력을 엄청 남들보다 우월하게 만들어서 돈과 권력을 "내 마음대로" 사용할 수 있는 지위에 오를 것이다. 왜냐하면 어떤 사회에서든 결국 돈과 권력을 가진 자들의 마음대로 사회가 굴러가게 되어 있으니 높은 지위에 오르면 돈과 권력을 쥐게 된다. 어떤 일이 있어도 남에게 종속되거나 남의 권력에 휘둘리면서 살고 싶지는 않다. 돈이나 권력이 좋은 이유는 바로 이 때문이다. 남에게 아쉬운 소리를 하지 않고 살 수 있게 해준다. 결국 내 마음대로 살 수 있는 것이다…….'

그런데 말이에요. 이 사람은 아무도 모르게 자기 혼자만, 속마음 깊숙하게, 은밀하게 이런 생각을 하고 있다고 믿을 수도 있습니다. 하지만 동양의 고전 『중용』에는 "남에게 보이지 않는 곳만큼 더 잘 보이는 곳이 없고, 남에게 들리지 않는 곳만큼 더 잘 들리는 곳이 없다"는 말이 있답니다. 만약 그곳이 물건의 세계라면 불가능하겠지요. 그런데 그곳이 마음의 세계라면 다릅니다. 동양 정치사상에서는 마음의 세계, 즉 깊고 넓은 속마음의 세계일수록 모든 사람의 속마음끼리 서로 하나로 통한다고 말합니다.

그리고 아무리 내가 혼자만 알고 있는 속마음의 세계라 해도 그것은 결국 만천하에 드러난다고 말해요. 그래서 옛날부터 정치를 잘못해서 많은 백성을 고통에 빠뜨리는 부패 권력자를 처벌하면서 '민심은 천심이다'라는 말이 오랫동안 전해 내려오는 것이지요. 오늘날에도 이것은 맞는 말입니다. 나 혼자만 생각하는 줄 알았는데 사실은 많은 사람이 똑같이 생각하고 똑같이 느끼고 있었다는 것을 알게 되어서 앞의 격언이 생긴 것이에요. 또는 '손바닥으로 하늘을 가릴 수 없다'고도 말했습니다. 우리는 이런 격언들을 들을 때마다 우리 자신을 부정부패한 통치자와 동일시하지 않고 그러한 통치자를 고발하고 벌주는 천심과 같은 민심의 소유자로 동일시합니다. 누구라도 이런 부정부패한 통치자가 되고 싶지는 않기 때문이지요.

공동체는 각 개인의 속마음들이 모여
대세를 만들어간다

하지만 각 개인이 은밀한 속마음에서 굳게 다짐하는 것들이 서로 침투하여 스며들어가면 결국 마음의 세계에서 유행을 하고 대세를 이루게 됩니다. 만약 한 사회 공동체의 사람들이 오로지 자기 개인의 성공과 자기 개인의 돈과 자기 개인의 힘을 가장 우선시하고 그것만을 중시하며 그 외의 것은 전혀 무관심하게 되면,

결국 그 사회는 돈과 권력을 가장 우선시하는 사회가 되어버리는 것이지요. 그리고 이런 사회에서는 돈과 권력을 획득하고자 하는 끊임없는 경쟁과 투쟁이 계속되고 그 과정에서 소수가 돈과 권력을 차지하게 되면 그들이 퍼뜨리는 독소들 때문에 사회가 변질되어갑니다. 나머지는 패배와 좌절, 폭력과 방치 속에 피해를 입게 되고요.

나는 이야기 첫머리에서 '누구 마음대로?'에 대해 함께 생각해보는 것이 정치 공부의 진정한 첫걸음이 된다고 말했습니다. 정치에 대해 진지하게 생각해본다는 것은, 얼핏 사소한 듯이 보이는 일상적인 인간관계로부터 시작해서 내 개인적인 삶의 목표와 그 목표를 실현하는 과정, 돈과 권력에 대한 태도, 개인적 이익과 사회의 공정한 룰 등에 대해 구체적으로 관찰하는 것으로 이어집니다. 이 모든 과정에서 모든 일들이 '누구 마음대로?' 이루어지고 있는가를 주의 깊게 살펴보아야 합니다.

다시, 앞의 두 에피소드로 돌아가봅시다. 세 사람의 이야기에서 C가 만약 다음과 같이 말한다고 해봅시다. "우리 세 사람이 공동의 문제를 해결하기 위해 정기적으로 의논을 하는 시간을 갖자. 그리고 우리 공동의 문제를 위해 필요한 돈을 따로 공금으로 만들어 통장에 세 사람이 균등하게 적립하고 떡값은 그 공금에서 지출하는 것으로 하자." C의 제안은 매우 괜찮아 보이기는 해도 사실 모든 구성원에게 번거로운 일이 될 수도 있습니다. 하지만 이 제안 속에 바로 이 세 사람의 정치 활동에의 입문을 알리는 내용이 들어 있습니다. 기념 선물을 떡으로 할 것인지, 쿠키로 할 것인지 누구 한 사람의 일방적인 결정이 아니라 의논을 통해서 결정합니다. 어떤 것에 대해 소속 구성원들의 의견을 묻고 함께 의논해서 의사결정을 하는 것은 아주 중요한 일입니다.

우리는 이런 일을 흔히 번거로운 회의 정도로 무시하곤 합니다. 그래서 우리의 생활 속에는 이런 의논과 공동적 의사결정의 습관이 몸에 배어 있지 않습니다. 우리 주변의 생활을 들여다볼까요? 우리와 함께 살고 있는 가족이나 함께 공부하는 학교나 함께 친하게 지내는 친구나 우리와 함께 거주하는 동네 사람들이나 모두 크고 작은 모임에서 의사결정을 진행하고 있습니다. 그런데 그 모든 것은 과연 '누구 마음대로?' 진행되고 있을까요? 우리의 귀찮음 때문에, 어색함 때문에, 이러한 공동적 의사결정과 의논의 절차들은 너무도 우리의 관심사 밖으로 밀려나 있습니다.

두 번째 에피소드에서 대학의 연구팀은 왜 그런 실험을 했을까요? 학생들의 공정성에 대한 의식을 조사하기 위해서일 것입니다. 그런데 단순히 설문조사를 했다면 진실을 쉽사리 알아낼 수 없었을 것입니다. 우리는 머리로 알고 있는 것과 가슴이 시키는 것과의 괴리를 너무 잘 알고 있으니까요. 우리가 속마음으로 진짜 알고 있는 공정성이라는 것이 나 개인의 이익 앞에 얼마나 쉽게 외면될 수 있는지 확인해볼 수 있었습니다. 어쩌면 이런 사람들은 당장은 자신 한 사람의 개인적 이익에 만족할 수 있을지 모르지만 그것과 바꾸어 무시해버린 그 사회의 공정성은 결국 부메랑이 되어 또 다른 상대방으로부터 또 다른 방식으로 피해를 받을지도 모릅니다.

정치는 공적인 룰에 따라
힘을 행사하는 활동이다

정치는 한 사회 공동체를 공적인 내용과 방향성을 가지고 힘들을 행사하여 이끌어가는 활동입니다. 정치에 종사하는 사람들은 자신을 포함하여 그가 속해 있는 구성원들로 하여금 각 개인의 이기적인 이익 이상으로 공동체 전체의 공적인 세계의 룰이 있음을 알리고 그 공적인 것의 내용을 가능한 한 일상생활 속에 항상 반영할 수 있도록 앞장서야 합니다. 정치는 돈과 권력을 소유한 소수의 사람들에 의해 사회 공동체가 '그들 마음대로' 퍼뜨리는 것들로 좌지우지되지 않도록 제도적인 장치를 만들고 함께 그것을 지켜가는 공적인 활동이기 때문입니다.

그런데 이 일은 일부 직업적 정치인들에 의해서만 가능한 것이 아닙니다. 일상의 삶을 살고 있는 우리 각 개인 속마음의 세계에서부터 실지로 움직여지고 실천되는 활동입니다. 그래서 정치 활동은 무엇보다 '누구 마음대로?'를 계속 묻고 감시하고 직접 참여해서 의논하고 공동으로 의사결정하는 활동으로부터 시작되고 그것에 의해서만 균형을 이루며 계속될 수 있습니다. 그래서 이러한 활동은 각 개인이 실천하는 활동이면서도 공적인 활동이 되는 것이지요.

정치는 개인의 삶 속에서 개인으로 하여금 공적인 마음의 세계에 눈을 뜨게 해줍니다. 앞의 첫 번째 에피소드에서 이제 세 친구는 각각 개인적인 삶을 존중받으면서도 세 사람이 함께 영위해갈 공적 세계가 있다는 것을 더욱 분명히 알아가고, 서로 의논하여 결정하며, 공적인 재정을 운영하는 실험을 시작한 셈입니다. 그리고 두 번째 에피소드에서 공정한 룰을 위해 자신의 이익을 기꺼이 내놓은 학생들은 그 과정에서 정치라는 공적 가치를 자기도 모르게 몸소 표현한 셈이 되었습니다.

정치-시민 칸트와 쉴러

독일 계몽주의 정신과 시민층의 활약

이 책 읽기를 선택한 것을 보니 여러분은 아마 총명한 사람들일 것입니다. 총명하다는 것은 귀가 밝고 눈이 밝다는 뜻인데요, 진짜 총명한 사람이 되려면 좀 더 따져봐야 할 것들이 있습니다. 총명한 사람들에게는 단지 지식 이상으로 어떤 보이지 않는 근본적인 것, 근본적인 지적 성향, 통찰하는 힘, 감수성과 같은 것이 있습니다. 그것은 삶에 대한 안목이나 태도와 관련된 것입니다. 그런데 이런 태도나 안목을 여러분 개개인이 갖춘다 하더라도 원래 여러분 개인의 것은 아닙니다. 천재 예술가를 상상해보세요. 그가 발휘하는 능력이나 안목은 그를 통해 나타나지만 그렇다고 그런 능력이 순전히 그의 것이라고 말할 수 없는 것과 마찬가지예요. 그런 안목과 능력들은 상당히 오래전부터 내적으로 연결되어 있는 어떤 가치들과 맞닿아 있는 것입니다. 그래서 부지런히 나날이 쌓고 단련해야 하는 것들이고요.

어떤 시인은 그것을 정신적 유산, 혹은 영원한 젖줄이라고 말하기도 했어요. 그런데 말이지요. 이것이 구체적으로 무엇인지는 제대로 말하기가 어렵습니다. 동서양을 막론하고 인간의 지적, 정서적인 탁월성과 훌륭함, 이런 것들의 구체적 내용들은 소소하게 바뀌어왔어도, 뭔가 그런 것을 추구하면서 좀 더 나은 사람, 나은 삶과 사회 공동체를 만들고 살아가려는 그런 것들에 민감한 분야이기 때문이에요. 정치-시민이 된다는 것은 이러한 분야와 가장 직접적으로 관련되어 있고요. 정치와 관련된 현실은 고상한 문화나 도덕과는 다르다고 반박하는 사람들도 많아요. 그런데 과연 정치가 문화와 도덕, 인간의 정신적 유산과 어떻게 관련되고 현실적으로 영향을 미치는 것일까요?

칸트는 인간 자신의 위대함에 눈을 뜨라고 했다
단 조건이 있다

이제 프랑스혁명으로 인한 정치-시민의 출현이 독일 쪽에서는 어떻게 펼쳐지고 있는지 수많은 사례 중에서 칸트와 쉴러의 생각을 조금 들여다볼 거예요. 칸트나 쉴러는 우리에게 가까운 것 같으면서도 낯설고 어려운 존재이지요. 이 사람들의 생각도 아주 단편적으로만 소개되고 있고요. 칸트의 이론이 교과서에서 여기저기 다뤄지고 있지만 정언명령이나 합리론과 경험론의 종합, 혹은 코페르니쿠스적 전환에 대해서만 다뤄질 뿐이어서 오히려 세상물정 모르는 원칙론자나 이상주의자, 융통성 없는 비현실주의자라는 인상을 주곤 합니다. 쉴러 역시 베토벤 합창 교향곡에 가사를 쓴 사람 혹은 아들의 머리 위 사과를 화살로 쏘아야 했던 이야기를 만든 동화 작가 정도로만 알려져 있어요.

하지만 프랑스혁명이 미완의 성공으로 끝나도 그 정신이 계속 살아 이어지고 있듯이, 독일의 칸트와 쉴러와 같은 계몽주의자들은 그것을 더 철저하게 탐구하고 더 철저하게 정신적 차원으로 끌어올렸다고 볼 수 있습니다. 계몽은 뭔가 잠자고 있던 어떤 것들을 일깨워내는 것입니다. 잘 알지 못했던 어떤 것들에 새롭게 눈을 뜨는 것이지요. 칸트와 쉴러는 이런 점에서 더 많이 알려지고 이해될 필요가 있어요.

칸트를 통해 새롭게 부각된 것은 우리 인간 자신입니다. 주체적 자아의 재발견입니다. 이전까지는 개인은 정말 보잘것없는 존재였습니다. 우선 거대한 신이 있었을 뿐 아니라, 거대한 자연이 있었지요. 인간은 신과 자연의 거대함과 완전함에 비하면 너무도 불완전한 존재로 취급되었어요. 하지만 칸트는 신도 자연도 결국 인간 자신의 정신적 각성과 인식에 의해 펼쳐지는 세계라는 것을 철학적으로 논증해냈습니다. 다만 칸트는 도덕과 윤리 분야만큼은 임의적인 것이 아니라는 것을 동시에 강조했지요. 칸트는 무지와 어리석음으로부터 벗어나 지혜와 진리, 그리고 선한 것과 아름다운 것이 인간 바깥의 어떤 존재로부터 일방적으로 전해지는 것이 아니라, 바로 인간 자신의 이해 방식이라는 것을 밝혀냈습니다.

하지만 칸트가 인간의 모든 것을 무조건 위대하다고 찬양한 것은 아니에요. 칸트의 말을 들어볼게요.

> 순진함이 훌륭한 것이기는 해도, 다른 한편으로 그것이 자신을 잘 지켜낼 수 없고 쉽사리 꾐에 빠진다는 것은 아주 나쁜 일입니다. 그렇기 때문에 지식보다는 행위를 본질로 삼는 지혜조차 학문을 필요로 합니다. 학문으로부터 배우기 위해서가 아니라 지혜가 지시한 것을 널리 퍼뜨리고 지속시키기 위해서입니다.[2]

칸트는 인간이 무조건 모든 것에 훌륭한 것이 아니라는 점을 강조했어요. 특히 그가 경계한 것은 무조건적 욕구와 경향성이에요. 세상 사람들은 그것에 행복이라고 이름 붙이고 좋아하고 따르기도 해요. 하지만 칸트는 행복해질 수만 있다면 어떤 수단도

---

2) 칸트, 『도덕 형이상학을 위한 기초 놓기』, 이원봉 옮김, 책세상, 2012, 44~45쪽.

허락될 수 있다고 보지 않았지요. 인간 자신의 진정한 행복이나 훌륭함은 욕구와 경향성을 잘 다스리는 데에서 비로소 빛이 나는 거예요. 욕구와 경향성들의 어지러운 파도들을 잔잔하게 하고 잘 다스리면 비로소 인간 내면의 멋진 것들의 빛이 쏟아져 나오고 그 빛의 인도에 의해 살아가는 것이 인간의 의무라고 보았어요.

그래서 칸트는 주관, 내면, 내면의 빛, 객관적이면서도 주관적인 지혜, 이런 것에 대해 성찰할 수 있는 인간의 본연적 능력을 더욱 확장시켜주었습니다.

쉴러는 칸트를 이어받아
한 걸음 더 나아갔다

칸트와 동시대의 사람들은 진리와 지혜의 빛을 바깥에서 찾지 않고 안에서 찾으라는 표어에 깊이 공감했습니다. 쉴러도 그중 한 사람이었지요. 칸트가 강조한 것들 중 가장 핵심은 각 개인에게는 개인을 넘어서는 어떤 능력이 존재한다는 것이었습니다. 그것을 계발해내는 것이 바로 개인과 사회의 발전이 되는 것입니다. 당시에는 종교적 무지, 자연에의 무지, 사회 공동체의 편협성 등 일체의 대상에 이런 계몽의 빛을 비춰볼 것이 장려되었던 거지요.

쉴러는 정말 진심으로 칸트 사상에 열광했습니다. 물론 쉴러는 한편으로 철학자 칸트에 빠져 있었고, 다른 한편으로는 칸트에게서 벗어나려고 몸부림쳤습니다. 쉴러 자신은 무엇보다 예술가이자 정치교육자였기 때문입니다. 쉴러는 칸트를 피상적으로 이해하다가 빠져나가는 길을 선택하지 않고, 칸트를 오랫동안 제대로 이해하려 노력한 이후에 그 자신의 사상을 정립하면서 칸트로부터 더 나아갔습니다.

프랑스혁명이 반동으로 퇴화할 무렵, 그에 대한 절망과 한탄의 몸부림으로 정신적 혁명을 추구하기 위해 쉴러가 작업을 시작했다는 견해도 있지만, 정확하지는 않아요. 쉴러는 이미 칸트 철학을 열심히 공부하면서도 자신의 정치철학을 발전시키고 있었으니까요. 우리가 쉴러에 관심을 기울일 필요가 있는 것은 그가 펼친 사상이 인간의 주체적, 내면적 변화, 즉 마음의 변화를 통한 정치 공동체의 변화를 추구했기 때문입니다.

쉴러가 작성한 『인간의 심성교육에 관한 편지』에서 '심성'의 원어는 심미적이라는 뜻의 아이스테티카(Aesthetica)입니다. 심성교육은 마음(심성)의 아름다운 경지를 일깨우는 교육을 뜻하는데요. 이때 아름답다는 뜻은 마치 조선 시대에 신하가 왕을 가리켜 '사미인곡'을 지어 올렸을 때 '미인(美人)'과 비슷합니다. 진선미와 같은, 온갖 훌륭한 가치들이 어느 하나도 결핍되지 않고 통합되어 있어 '좋다!', '훌륭하다!'라고 말할 때의 그 좋음, 훌륭함과 함께 연동되는 아름다움입니다. 즉 아이스테티카는 겉모습을 가리키는 아름다움이 아니라 정신과 품성, 심성, 마음, 인격, 인성의 높은 경지라는 것입니다. 쉴러의 말을 들어볼까요?

─── 모든 예술작품 중에 가장 완전한 것은 '참된 정치적 자유의 건설에 몰두하는 것입니다. 인간은 한 시대의 시민입니다. 그러므로 자기 시대의 도덕과 관습에서 도망가는 것은 어리석은 짓입니다. 자신의 활동을 선택하면서도 자기 시대의 필요와 취향에 하나의 목소리를 내는 것은 시민의 의무입니다. 예술은 자유의 딸입니다. 정신에 속해 있는 '고귀한 필연성'의 안내를 따르고 현실의 단순한 욕망과 물질적 필요에 휘둘리지 않습니다. 예술의 자유는 그것에 휘둘리지 않고 그것을 '뛰어넘어야' 합니다. …… 현실에서 강자들은 권력과 돈을 선택하지만 예술가는 '아름다움'의 길을 선택합니다. 인간은 '아름다움'을 통해 자유에 도달할 수 있기 때문입니다. …… 당신 자신의 시대와 더불어 살되, 시대의 수동적 피조물은 되지 마십시오. 오만함과 파렴치함, 조잡함을 떨쳐내고 고귀하고 위대한 정신들로 채우고 탁월함을 보여주는 상징들로 가득 둘러싸이게 해서 마침내 가상적인 그것이 현실을 극복하고 예술이 맹목적 자연을 극복하도록 하십시오![3]

---

3) 쉴러, 『인간의 심성 교육』, 이홍우 옮김, 교육과학사, 2019, 2편지와 9편지 중에서 일부 발췌. 번역은 역자 번역을 참조하여 수정함.

쉴러는 이러한 인간상을 자신의 예술작품에 구현해냈습니다. 여러분이 잘 알고 있는 스위스의 국민 소설 『빌헬름 텔』에서 쉴러는 아들의 머리 위에 올려진 사과를 화살로 쏘아야 하는 아버지의 용기를 그려냈습니다. 또한 『돈 카를로스』, 『도적 떼(군도)』, 『오를레앙의 처녀』, 『마리아 스튜아르트』 등의 작품에서 쉴러는 현실적 제약과 어려움을 넘어서 정치-시민으로서의 훌륭한 성품과 소명을 꿋꿋하게 실현해내고, 사회의 모순과 비리를 정직하게 고발하며 그에 용감하게 대항하는 인간상들을 그려냈습니다. 쉴러의 예술작품은 베토벤의 합창 교향곡에 시로 실리기도 합니다. 슈베르트 가곡집에 가사로도 들어 있지요. 쉴러가 그리는 정치-시민은 베토벤이나 모차르트와 같이, 한결같이 뭔가 신분적, 사회적 제약을 넘어서서 인간 본연의 영웅적인 것, 훌륭한 가치들을 실현하는 모습이에요.

쉴러는 자신과 같은 예술가들이 만들어낸 예술작품을 통해 사람들이 무지와 자연에 예속된 상태로부터 '곧장' 도덕적인 상태로 확 바뀌는 게 아니라, 뭔가 아름다움을 접하고 경험하게 되면서 '서서히' 마음 깊은 곳에서부터 변화하게 된다고 말합니다. 그리고 이러한 마음의 변화, 심성의 변화에 의한 '존재의 변화'야말로 진짜 변화라고 말하지요. 그래서 진정한 정치-시민이 되는 것입니다.

정치-시민은 나쁜 현실에 굴복하지 않고
좋은 현실을 만들어간다

칸트와 쉴러가 말한 것들은 우리 인간은 모두 한 개인으로서 아주 작은 존재, 미완의 존재, 불완전한 존재에 그치는 것이 아니라는 것, 우리는 사실 아주 고귀하고 대단한 존재라는 것입니다. 칸트와 쉴러가 말한 고귀함과 대단함은 무엇보다도 윤리적인 차원, 정신적인 차원을 가리키는 것이었습니다. 칸트를 생각할 때 명심할 것은 바로 이것입니다. 그는 현실에서 정치-시민으로서 법칙을 만들어내는 활동에 많은 관심을 보이고 있었다는 것입니다.

정치는 공동체의 대표로 하여금 공동체를 위해 뭔가를 추진하도록 법을 만들어내고(입법), 실천하게 하고(행정), 잘 실천되고 있는지 감시하는(사법) 활동들로 구성됩니다. 그런데 이러한 입법, 행정, 사법 활동은 갑자기 하늘에서 뚝 떨어진 진리들로 운영되는 게 아니에요. 그래서 특정 시대, 특정 상황, 특정 시간과 공간이라는 제약 속에서도 그것을 넘어서서 계속되는 어떤 가치들을 통찰할 줄 알고 그것을 현실 속에서 실현해낼 줄 알며 그것이 잘되고 있는지 판단할 줄 아는 인물들을 필요로 합니다. 어떤 대표라도 이런 인물들과 거리가 먼 사람들로 구성된다면 그 공동체의 정치는 파국으로 향하게 됩니다.

정치적 파국이라는 것은 어떤 상황을 가리킬까요? 나쁜 현실이 그저 계속되는 상황입니다. 나쁜 일이 저질러져도 개선되지 않고 관심도 없으며 그렇게 계속 악순환이 되는 현실입니다. 칸트와 쉴러는 나쁜 현실을 좋은 현실로 바꿔내기 위해서 인간 자신의 내면의 빛, 욕구와 경향성을 다스릴 줄 아는 지혜의 빛, 시대의 제약을 넘어설 줄 아는 용기의 빛을 강조했습니다. 이런 빛들을 담고 있는 인간이 바로 정치-시민입니다.

칸트와 쉴러는 자신의 작품들 속에서 그런 인간의 모습을 그려냈습니다. 특히 쉴러의 예술작품들에는 인간 자신과 사회에 대한 현실적 모습과 동시에 이상적 모습도 함께 깃들어 있습니다. 현실이 나쁜 쪽으로 반복되도록 하는 무기력한 모습과 좋은 쪽으로 변화되도록 하는 용기 있는 모습이 함께 그려지고 있는 것이지요. 쉴러는 우리 인간이 본래 그런 열정과 열망을 갖고 있는 존재라는 것을 알고 있었어요. 우리 인간에게 항상 현실적 쾌락에 대한 욕망만 있는 게 아니라는 것이죠. 더 나은 것, 참된 것, 선한 것, 고귀한 것에 대한 열정도 있다는 것이에요. 파괴적이고 이기적인 사랑 쪽으로 흐르는 욕망도 있을 수 있지만 건설적이고 인류애적인 사랑 쪽으로 흐르는 열망도 있을 수 있다고 그는 생각합니다.

칸트와 쉴러가 그려내는 인간의 모습은 현실 속에 발 디디고 있는 인간, 불완전한 인간이 그럼에도 불구하고 더 나은 존재로 나아가게 하는 정치-시민으로서의 삶을 고민하는 우리들이 꼭 잊지 말아야 하는 무엇인가를 전해주고 있습니다.

정치인을 만드는 사람들,
권력자를 돕는 사람들

아우구스티누스와 크리스틴 드 피장
그리고 이황과 강정일당

오늘날 정치는 직업이 되었습니다. 그것도 최고 고위직입니다. 국가는 엄청난 액수의 국가 세금을 들여 정치인들의 활동과 생활을 지원하고 있으며 그 금액은 제도적으로 보장되고 해마다 늘어나고 있지요. 그리고 모든 면에서 최소의 금액이 아니라 최대 금액이 들어가도록 되어 있어요. 정치인을 떠올리면 곧바로 직업 정치인을 연상하게 되는 것은 이 때문입니다. 이들 직업 정치인들은 국가로부터 적지 않은 월급을 받으면서 정치 활동을 하는 사람들입니다. 그래서 이 직업은 야심가들의 타깃이 되면서 대통령과 국회의원, 그리고 장관이나 차관 등의 행정 관료나 검찰, 언론과 방송, 법률가와 교수, 기업가나 경찰, 심지어 사기꾼들과 조폭들까지 저마다 직업을 바꾸어가면서 정치에 뛰어듭니다.

한때는 미국과 일본, 우리나라의 군인들이 오랫동안 정치 세계에서 권력을 누렸지요. 그리고 여전히 전 세계에는 군사 권력으로 무장한 군인들과 시민들이 내전을 치르면서 정치투쟁을 벌이고 있는 나라들이 계속 있습니다. 경제 공황이나 전염병, 전쟁과 같은 국가적 위기 상황에 처해 있을 때도 각 나라의 정치인 일부는 국가의 지원 외에도 개인적으로 재산이 엄청나게 증가하거나 일시적으로 떼돈을 벌기도 합니다. 어떻게 이런 일들이 가능한 것일까요?

우리가 이번에 살펴볼 정치 공부의 주제는 과연 누가 정치를 시작하고 정치권력을 만들어내는가에 관한 것입니다. 정치권력을 잡은 사람들 곁에서 그들에게 이런저런 방식으로 조언하거나 복종하면서 그들을 돕는 협력자들이나 조력자들에 대해서도 살펴보겠습니다. 물론 우리는 일제강점기라는 어두운 시대를 겪으면서 우리나라 국민을 위해서가 아니라 불법적 침탈자 제국의 권력자들에게 달라붙어 그들을 돕는 사람들을 특별히 경계하면서 단순히 조력자나 협력자라고 부르지 않고 앞잡이나 부역자라고 부르기도 합니다. 그런데 좋은 의미든 나쁜 의미든 정치권력은 결코 한 사람에 의해서가 아니라 수많은 협력자에 의해 유지됩니다. 그렇기 때문에 이번 공부 주제 역시 매우 중요한 것이 아닐 수 없어요.

아우구스티누스는
왕 권력과 교황 권력이 모두 필요하다고 생각했다

먼저 서양 사회에서 현대 이전까지 오랫동안 정치권력을 누린 종교인들과 왕들에 대해 생각해볼까요? 수많은 예술작품들이나 역사 공부를 통해서 만나게 되는 그들의 인상은 화려한 옷과 무기, 모자와 가발 등으로 잔뜩 치장한 모습입니다. 그런 것들이 그들의 권력과 권위를 최대한 드러내도록 하는 거예요. 왕과 교황은 두 세계에서 막강한 영향력을 행사하는 사람들입니다. 그들은 개인으로는 인간이지만 지위로는 더 이상 인간이 아니라 신적 존재입니다. 왕은 현실 세계의 권력을, 교황은 정신 세계의 권력을 대표하기 때문입니다. 그들은 서로 자신의 권력을 강하게 만들고 상대의 권력을 약하게 하려고 권력투쟁을 벌입니다.

이렇듯 서양에서는 현대 이전까지 왕과 교황이 정치권력의 중심에 놓여 있습니다. 그런데 이들 왕과 교황의 정치적 영향력이 왜 필요하고 중요한가에 대해서 열심히 연구하고 관찰한 사람들이 있었습니다. 그중 대표적인 인물이 바로 아우구스티누스(어거스틴)입니다.

아우구스티누스는 정통 기독교 사상가였습니다. 그는 수천 년 동안 서양의 정신을 지배할 종교인 기독교가 정치권력의 문제를 어떻게 생각해야 하는지 연구했습니다. 아우구스티누스의 생각을 분석한 현대 정치학자 앨런 라이언은 다음과 같이 말했어요.

— 아우구스티누스가 보기에 정부는 인간의 타락한 본성 때문에 필요해
졌다. 정부는 인간의 세속적 욕망을 다스린다. 그 욕망을 이용해 세속
적 형벌로 위협하거나 세속적 보상을 약속하는 것이다. …… 모든 권위
는 다 하느님께서 세워주신 것이다. 그렇다면 우리는 지배자에게 징벌
의 두려움 때문만이 아니라 양심상으로도 복종해야 한다. 비난은 커다
란 불충이다. …… 설령 지금의 왕이 이교도이거나 이단이라 해도 당연
히 그에게 복종해야 한다. …… 왕들 가운데는 폭군도 있었고 전임자를
살해하고 왕좌에 오른 왕도 있었다. 비잔티움 황제들은 친척을 죽이고
즉위하는 일이 다반사였다. 황제의 직위는 신이 정한 것이지만 그렇다
고 해서 현재의 왕에게 어디까지 복종해야 옳은지의 문제에 답을 주지
는 못했다. …… 세속 지배자가 악함을 이유로 폐위될 경우 교회가 확
실한 역할을 맡았다. …… 아우구스티누스는 주교에게 군주를 훈계하
는 일을 맡겼으나 왕의 직책에서 물러나게 하기를 바라지는 않았다.[4]

아우구스티누스는 현실 세계의 모든 권력과 권위는 기독교의

---

4) 앨런 라이언, 『정치사상사』, 남경태 · 이광일 옮김, 문학동네, 2017, 274~277쪽.

신이 세워주신 것이라는 바이블(성경)의 내용을 충실히 현실 정치 권력 구조에 대비시킵니다. 종교 권력은 교황을 중심으로 행사하고 현실 사회의 권력은 왕을 중심으로 행사하는 이중 권력 지배 구조가 그것이지요. 아우구스티누스는 우리 인간의 세속적 욕망을 다스리기 위해 왕의 정치권력이 필요하고 우리 인간의 영적 죄를 다스리고 종교 신앙을 길러주기 위해 교황의 권력이 필요하다고 생각했습니다. 그러니까 인간은 이 양쪽 권력에 복종해야 합니다.

왕 권력과 교황 권력을 놓고
싸운 사람들

아우구스티누스는 종교 권력이 왕을 훈계할 수는 있으나 그를 왕좌에서 내쫓기를 바라지 않았다고 앨런은 말했습니다. 하지만 실제 서양의 역사를 보면 그렇지 않아요. 수많은 왕과 수많은 교황이 서로 치열하게 권력 싸움을 하고 있으니까요. 교황은 왕을 내쫓기도 하고 왕이 교황을 폐위시키기도 합니다. 이들 두 정치권력은 전쟁을 벌이기도 하고 혼인 관계를 통해 얽히고설키기도 합니다.

여러분은 셰익스피어의 작품을 본 적이 있나요? 그는 우리가 잘 알고 있는 4대 비극 작품 외에도 수많은 역사극을 만들었는데요. 셰익스피어의 역사극 시리즈만 보아도 영국의 역사 속에서 왕과 교황의 관계가 얼마나 파란만장했는가를 충분히 짐작할 수 있답니다. 아우구스티누스에 의해 묘사되고 있는 이런 정치권력의 이중 구조는 근대 이전까지 상당히 오랜 시간 동안 서양 사람들에게 영향력을 미쳤습니다. 그들은 누가 지배자가 되든지 그가 획득하고 행사하는 정치적 권력은 하느님으로부터 오는 것이고 하느님에 의해 보장받는다는 생각을 갖고 있습니다. 일반 대중들은 그저 절대자에게 복종하듯이 왕의 권력에도 복종하는 것이 미덕이었지요. 욕망을 잘 다스려주는 고맙고 은혜로운 존재가 왕이고 영혼을 잘 인도해주는 신성한 존재가 교황이었던 거예요.

다른 한편에서는 왕위와 교황의 직위에 오르려는 사람들, 즉 정치를 시작하려는 사람들이 존재했습니다. 그들은 누구일까요? 적어도 일반 서민들이나 평민들은 이런 꿈을 꿀 수 없었습니다. 귀족 계층만이 권력의 사다리 오르기를 시작할 수 있었고, 권력 투쟁이라는 전장에 출전할 수 있었습니다. 귀족은 가문을 통해 자신의 신분을 세습하였고 이렇게 신분적으로 경제적으로 일정한 지위에 있는 사람들 사이에서 치열한 전투를 거쳐 왕이 선출되었지요. 군주제라는 정치 제도는 현실 정치권력의 대표적 모델이 된 것입니다. 그리고 교황은 이들과 함께 신민(신앙을 가진 국민)들을 다스리게 됩니다.

이쯤 되면 여러분들은 한 가지 의문이 생기게 될 것입니다. 왕이 되고 교황이 되도록 하는 것은 '누가 판단하는가?'라는 의문입니다. 실지로 어떤 사람들에 의해 정치권력이 합법적인 승인을 받게 되는 것일까요? 누가 왕이 되든지 그 왕을 왕으로 인정해주는 절차와 사람들이 있게 마련입니다. 교황도 마찬가지입니다. 오늘날의 관점에서 보면 매우 폐쇄적이거나 비민주적인 것으로 보일지 몰라도 당시 사회 구조에서는 상당히 납득할 만한 루틴이 있었던 것입니다. 친척을 죽이고 왕이 되든, 모략에 의해 라이벌을 없애고 교황이 되든, 정치권력의 탄생은 반드시 그 권력을 만들어내는 사람들과 그 권력을 공식적으로 인정해주고 승인하는 절차에 의해 가능해집니다. 만약 그러한 사람들과 절차들 자체가 흔들리거나 분열되기 시작한다면 곧 새로운 정치권력 질서가 만들어지는 것이지요.

크리스틴 드 피장은 정치권력을 신으로부터 받는 특권이라고 본다

아우구스티누스와 같은 정통 기독교 사상가에 의해 합법화된 정치권력 질서는 상당히 오랜 기간 서양 사회를 지배했지만, 르네상스 사회가 출현하면서 서서히 무너지기 시작합니다. 이제 우리는 이 시기를 살았던 한 여성을 살펴보기로 하겠습니다. 그녀의 이름은 크리스틴 드 피장입니다. 그녀는 영국과 프랑스가 백년전쟁을 벌이던 시기를 살았던 베네치아의 철학자이자 작가입니다. 그녀는 당시의 일반 여성들과는 달리 한평생 글을 써서 자신의 견해를 대중에게 밝혔습니다. 그녀는 1407년경에 『정치체제에 관한 책』이라는 책을 썼는데요. 크리스틴 드 피장이 정치권력을 탄생시키는 신분들의 차이에 대해 어떤 생각을 하고 있었는지 다시 앨런의 글을 살펴볼까요?

> ─── 크리스틴 드 피장은 평민의 삶이 중요하며 평민의 복지가 지배 엘리트의 주요 관심사여야 한다는 점을 명확히 밝히고 있다. …… 하지만 그녀가 평민의 정치적 역할을 논의하는 대목은 무척 짧다. 그 내용도 세 신분─성직자, 상인, 기술자─의 구성원들에게 정부의 안녕에 기여하고 권력을 가진 사람들에게 적당한 진지함과 경의를 표하라는 충고에 불과하다. 그녀가 평민의 운명에 공감하는 것을 평민이 정치적 역할을 담당해야 한다는 생각으로 비화시키면 안 된다. 자신이 비천한 출신임에도 크리스틴 드 피장은 초지일관 평민이 스스로를 다스릴 수는 없다고 믿었다. 평민은 절대 자치가 불가능하다. …… 권력은 신이 주는 것이다. 불만 없이 적절한 세금을 납부하는 것은 카이사르의 것을 카이사르에게 주는 방법이다.[5]

크리스틴 드 피장의 생각을 잘 들여다보면, 정치권력은 매우 특권적인 혜택, 그것도 소수 귀족을 중심으로 하는 특권이며 그것은 성경과 하나님의 주권 행사와 관련되는 것으로 이해되고 있습니다. 아우구스티누스의 정치철학이 아직도 그 흔적을 남긴 것이지요. 그녀는 자신은 평민이면서도 평민들은 스스로를 다스릴 수 없고 귀족의 지배를 받아야 한다고 말합니다. 이것은 마치 인간이 스스로 원죄를 지은 불완전한 존재이기에 신의 지배를 받아야 하는 논리와 마찬가지입니다.

아우구스티누스나 크리스틴 드 피장은 서양 사람들이 정치권력에 대해 오랫동안 생각해왔던 사고방식을 대표적으로 보여주고 있습니다. 이 세상에는 누군가를 항상 다스리는 계층의 사람들이 있고, 그 계층에 의해 항상 다스림을 받는 계층의 사람들이 있습니다. 다스리는 일을 자임하며 권력투쟁을 통해 정치권력을 획득하는 사람이 있다면, 누가 다스리더라도 그저 복종하고 존경하며 정치권력에 따라가는 사람이 있습니다.

---

5) 앨런 라이언, 『정치사상사』, 남경태 · 이광일 옮김, 문학동네, 2017, 400~401쪽.

조선의 유교 정치 관료들은
왕에게 무조건 복종하지는 않았다

이번에는 동양 사회, 우리나라의 역사를 되돌아보도록 합시다. 조선 시대는 문반과 무반 두 계층의 양반들이 정치권력을 담당하여 다스리는 사회였습니다. 조선의 왕들은 대대로 세습을 통해 그 권력을 이어갑니다. 그 기간이 무려 500년이었습니다. 문반과 무반이라는 두 반, 즉 양반은 과거시험을 통해 관직으로 진출하였고 관직을 맡는 사람들과 왕이 협력하여 정치권력을 행사하고 백성들을 다스리는 것이 조선의 정치권력 구조였지요. 문반에 해당하는 유교 정치 관료들은 유교 정치 이념을 왕을 통해 사회에 구현하고자 애를 썼는데요. 이들은 그 과정에서 왕에게 무조건 복종하기만 하지 않았습니다. 때로는 왕의 권력에 저항하기도 하였고 그 결과 왕에 의해 참혹한 죽음을 당하기도 합니다. 여러분이 역사 시간에 배운 대로 이러한 유교 지식인들의 정치적 화를 가리켜 '사화'라고 부릅니다.

물론 유교지식인들만 왕에 의해 정치적 탄압을 받고 죽음을 당한 것은 아닙니다. 왕도 유교 지식인들에 의해 도덕적, 정치적 견제를 항상 받아야 했고 심지어는 그들에 의해 폐위되기도 하였습니다. 조선 사회에서 왕의 권력과 유교 관료들의 권력은 일방적인 수직 상하 관계만이 아니었고 긴장 관계였기 때문입니다. 그러나 대부분 왕과 유교 관료들은 공통적으로 한 사회의 정치권력을 독점하는 존재였고 평민들은 그러한 권력에 복종하는 존재였습니다.

왕에게 올린
이황의 글은 매우 치명적이었다

조선 중기 성리학자 퇴계 이황의 학문은 정치와는 다른 순수 학문적인 것으로 흔히 알려져 있지만 이것은 사실과 다릅니다. 이황을 포함해서 조선의 유교 지식인들은 백성들을 다스리는 일에 대해 무관심할 수 없는 신분적 의무가 있었기 때문이에요. 이황도 이 점에서는 다르지 않았습니다. 이황은 정치권력의 중심에 놓여 있는 왕에게 글과 그림을 바쳐서 정치권력자의 생각이나 마음이 정치 활동에 얼마나 중요한 영향을 미치는가에 대해 강조합니다. 이황이 왕에게 올린 글의 일부를 함께 읽어볼까요?

— 임금의 마음은 온갖 일이 말미암는 바이며, 모든 책임이 모이는 곳이며 뭇 욕구들이 서로 공격하고 뭇 사특함들이 번갈아 뚫고자 하는 곳입니다. 한 번 태만하여 소홀해지고 방종이 계속되면 산이 무너지고 바다가 넘치는 것같이 될 것이니, 누가 막을 수 있겠습니까! 옛날의 성스러운 황제와 밝은 왕들은 이것을 걱정하여 삼가고 두려워하며 조심하

고 근신하기를 날마다 날마다 해도 오히려 부족하게 여겼습니다. ……
후세의 임금들은 천명을 받아 천위에 오른 만큼 그 책임이 지극히 무
겁고 지극히 큼이 어떠하겠습니까마는 이처럼 엄하게 자신을 다스리
는 도구는 하나도 갖추어지지 않았습니다.[6]

　　이황이 생각하기에 왕위는 하늘의 명령, 즉 천명을 받은 사람
에게 허락됩니다. 이황은 왕의 자리가 얼마나 책임이 막중하며
온갖 이해관계들이 충돌하며 다투는 자리인지를 거듭 왕에게 환
기시킵니다. 그리고 스스로를 다스릴 수 있는 힘과 근신하고 조심
하는 태도가 필요하다는 것을 그에게 강조합니다. 이황의 태도에
서 알 수 있듯이, 동양의 유교 정치인들은 왕을 가르치고 교육해
서 좋은 정치를 실현하는 것을 이상으로 삼았습니다. 이것은 서
양의 기독교인들이 교황을 세우고 세속의 왕을 견제하는 것과는
조금 다릅니다. 오히려 서양 희랍 철학자 플라톤이 왕을 교육하
여 이상적인 철인군주로 만들려는 노력을 기울이는 모습과 더 가
깝다고 할 수 있습니다.

　　유교 지식인으로서 이황은 왕을 통해 정치권력이 바르게 실현

---

6) 이황, 『성학십도』, 이광호 옮김, 홍익출판사, 2012, 27~29쪽.

되도록 조언하는 것을 최선의 임무로 삼았습니다. 물론 이황과 동시대의 유교 신하들 중에는 자신의 생각을 적극적으로 관철하기 위해 왕을 이용하거나 혹은 왕을 폐위시키는 권력을 행사하는 사람들도 적지 않았습니다. 하지만 이황은 시종일관 왕을 올바로 교육하여 왕의 정치적 실천을 바르게 이끄는 것에 집중했습니다. 그는 이를 위해 군주가 해야 할 마음 공부의 구체적인 내용을 알기 쉬운 열 개의 그림으로 압축하고 해설하기까지 하였습니다. 그 내용이 바로 오늘날 우리에게 잘 알려져 있는 『성학십도』이지요.

성리학자 강정일당이
특별한 이유

동양에서도 정치권력은 왕을 중심으로 세습되고 독점되는 것을 볼 수 있는데요. 문제는 왕위를 계승하는 과정에서 양반층의 지식인이 주된 역할을 한다는 것입니다. 그에 비하여, 평민들과 농민들은 배려와 관심, 돌봄의 대상은 되었지만 직접 그들에게 정치권력이 주어지거나 허락되지는 않았습니다. 그들에게 제약이 되었던 것들 중 하나는 바로 학문적 능력입니다. 조선과 같은 유교 사회에서는 정치를 시작하는 사람도, 정치가를 만들어내는 사람도, 권력자에게 조언하는 사람도 예외 없이 갖춰야 할 기본 자격이 바로 학문적 능력이었습니다.

조선 사회에서 글공부하고 유교 성리학을 배워 익히는 일은 일부 여성들의 삶 속에서도 확인됩니다. 상식적으로 우리는 조선 사회가 강고한 남성 중심적 가부장제 사회질서를 가져서 여성은 정치권력이나 학력 면에서 소외되고 뒤떨어지는 존재로 살았을 것이라고 생각합니다. 하지만 예외적인 인물은 언제 어느 시대에나 존재합니다. 앞에서 언급한 크리스틴 드 피장은 15세기 르네상스 인문주의 시대 초기에 여성 작가의 삶을 살았고, 강정일당은 18세기 조선 후기에 여성 성리학자의 삶을 살았던 사람입니다. 강정일당을 연구한 이영춘은 다음과 같이 강정일당을 평가하고 있습니다.

18세기 양반 계층 여성들의 고급 문예 활동은 유교 교육이 여성 사회로 확산되기 시작한 것을 보여주는 것이며, 여성들 자신의 의식 성장이 이루어지고 있었음을 반영하는 것이다. …… 강정일당 같은 사람들은 성리학의 철학적 탐구를 통하여 여성들이 본질적으로 남성과 다를 바 없으며, 학문과 수양을 통하여 요순과 같은 성인의 경지에 이를 수 있다는 강한 자아의식을 표방하였다. …… 강정일당과 같은 여성들은 본격적으로 성리학을 연구하고 수련한 철학자들이었다. 그들은 성리학의 본질적 원리 안에서 남녀평등의 이념을 찾아내었고, 최고의 가치를 구현하기 위하여 평생을 수양하고 실천하였다.[7]

강정일당이 살았던 18세기 조선 사회의 양반층 여성들 중 일부는 남성 못지않은 학문적 능력을 갖추고 있는 모습을 보입니다. 강정일당은 성리학을 탐구하여 성인이 되는 수양 공부를 한평생 멈추지 않았던 것뿐이지만 이러한 삶의 태도는 곧 그녀가 자신의 삶에 대해 정치적 주도권을 갖고 있었다는 것을 보여줍니다. 학문적 능력과 신분적 능력이 그녀로 하여금 스스로 정치적 자유를 행사할 수 있게 해준 것입니다.

　물론 강정일당이 여권 신장 운동을 적극적으로 전개했거나 남녀 차별적 제도를 철폐하는 정치적 운동이나 투쟁을 전개한 것은 아닙니다. 하지만 그녀는 스스로 그러한 제약이 철폐된 인간상의 모습을 구현하고 있습니다. 조선 시대 양반의 신분은 서양의 귀족 신분과는 달리 문과 급제를 계속해야 유지되는 능력주의적 신분이었습니다. 만약 3대 이상 낙방이 계속되면 양반으로 인정받기가 어려웠습니다. 그래서 오늘날 우리가 양반에 대해 갖고 있는 일반적 통념인 글공부하고 과거 급제하고 벼슬하고 정치계에서 활약하거나 귀양을 가는 등의 모습들이 형성된 것입니다.

　이황은 왕을 가르치면서, 또 스스로 정치 일선에서 물러나기

---

7) 이영춘, 『강정일당』, 2002, 가람기획, 15~16쪽.

를 반복하면서 정치권력의 세계에서 휘둘리지 않아 스스로의 주도권을 잃지 않았고 강정일당은 스스로 성리학자가 되고 성인이 되기 위한 수양을 한평생 하면서 양반층 여성의 삶을 주체적으로 실현했습니다.

귀족과 양반 중심의
정치구조와 부유층 중심의 정치구조

서양에서 왕, 교황 등을 중심으로 정치권력이 탄생하고 유지되며 그 정치인들을 만들고 가르치는 사람들이 누구인가를 살펴보면 평민층이 아닌 귀족층이라고 할 수 있습니다. 서양의 귀족층은 평민들의 삶과 구분되는 학문적, 예술적, 정치적 특권을 만들어내고 그것을 이어갔습니다. 정치를 시작하는 사람들도 그들이었으며 정치인을 만들어내는 사람도 그들이었고 권력자에게 조언하는 사람도 그들이었던 것입니다.

동양에서 왕, 정치-학문 지식인층을 중심으로 정치권력이 탄생하고 유지되며 그 정치인들을 만들고 가르치는 사람들이 누군인가를 살펴보아도 평민층이 아닌 양반층이라고 할 수 있습니다. 동양의 양반층 역시 평민들의 삶과 구분되는 학문적, 예술적, 정치적 특권을 만들어내고 그것을 이어갔습니다. 이들에게서 정치가 시작되고 이들에게서 정치인이 만들어지며 이들이 권력자를 가르치고 훈계할 수 있었습니다.

그렇다면 돈이 지배하는 현대 사회인 플루토크라시(Plutocracy)의 정치 환경에서는 이러한 동서양의 흔적들이 완전히 사라졌다고 말할 수 있을까요? 분명히 그렇다고 말하기 어렵습니다. 어쩌면 돈이 많을수록 현대판 고급 신분을 사고 싶어 하고 현대판 고급 학벌을 구매하고 싶어 하는 모습을 볼 수 있듯이 현대의 금권 정치하에서도 귀족 엘리트 양반 지식층의 신분은 완전히 없어지지 않고 매번 다른 모습으로 바꾸어 나타나고 있다고 할 수 있습니다.

정치는 누구에 의해 탄생하고 누가 정치인이 되는가, 누가 정치권력에 대해 조언하는가를 가만히 잘 관찰해보세요. 그들은 누구일까요? 옛날이나 지금이나 여전히 한 사회의 지배 엘리트층을 형성하고 있는 사람들입니다. 정치 역시 그들에게서 나오고 그들에 의해 움직이는 경우가 대부분입니다.

어떤 사람들은 반박할지 모릅니다. '지금은 민주주의 시대이고 옛날에 비해서 국민의 참여가 높아진 민주공화국 사회야. 당연히 똑같지 않다!' 맞습니다. 그런 면이 있지요. 하지만 그와는 정반대의 의견을 말할 수도 있답니다. '옛날이 오히려 나았던 면도 있어. 지금처럼 돈만 있고 공동체의 가치를 외면한 채 자신들의 이익만을 맹목적으로 추구하는 사람들이 정치에 손을 대는 것이 더 위험한 게 아닐까?' 예전의 서민들이나 노예들은 아예 정치에서 소외되었지만, 요즈음의 일반 시민들도 역시 투명인간 취급을 당하거나 이용당하는데 그것도 위험한 것이 아닐까요? 반드시 오늘날의 정치구조가 더 안전하고 좋다고 보장할 수 있을까요?

이러한 반론은 우리로 하여금 현대 사회 민주공화국의 장밋빛 희망으로부터 우리를 긴장하게 합니다. 분명한 것은, 역사상 오랫동안 평민과 일반적 서민들은 스스로 정치 세계에 출현하지 못했다는 것이 사실이고 그런 면에서 민주공화국 정치구조가 개선된 정치 공동체라는 것입니다. 하지만 여전히 불완전하다고 말할 수 있습니다. 그리고 오늘날 이 정도까지라도 개선시켜온 데에는 시대적인 제약을 넘어서서 오랫동안의 정치적 실천들이 쌓여왔기 때문입니다. 또한 언뜻 보기에는 정치에서 무조건 소외된 사람들이라고 취급받던 사람들이 오늘의 정치구조가 성취될 때까지 전혀 아무런 역할을 하지 않았던 것은 아닙니다. 어쩌면 그들 스스로에 의해 정치가 움직여지는 시대를 만나기 위해서는 더 많은 시간이 필요했을지도 모르고요.

셰익스피어, 소로, 그룬드비의 정치-시민 활동

영국, 미국, 북유럽의 정치-시민 교육 운동

우리가 속한 국가공동체가 우리의 생각과 판단, 제언 등에 귀 기울이고 그것을 존중하고 공동체의 운영 과정에 반영하는 것을 경험하면, 우리 한 사람 한 사람이 그 공동체의 운영 과정에 어느 정도 주체적인 역할을 한다는 뿌듯함을 갖게 되지요. 이것은 매우 소중한 경험입니다.

그런데 안타깝게도, 우리는 정말 언제부터인가 우리가 속한 사회 공동체에서 투명인간이 되어가고 있고, 복잡다단한 행정 절차들은 많아지고 있지만, 우리 자신의 의견과 판단이 반영되어 뭔가 더 나은 방향으로 바뀌고 있다는 '시민적 효능감'은 점점 더 낮아지고 있습니다. 나의 관심과 의견과 참여를 기대하는 곳은 오로지 상품을 팔고자 하는 이윤추구 조직뿐인 듯합니다. 아무도 서로에게 의견을 묻지 않고 서로의 입장에 무관심하거나 무시하면 그 공동체는 결코 정상적이라고 볼 수 없어요.

우리는 모두 각자 개인적으로 뭔가 나은 실천을 위해 노력하고 있지만 대부분 현실에서 우리에 대한 관심, 특히 내가 어떻게 생각하고 판단하고 있는가에 대한 의견을 다양하게 표현하고 반영해서 얻는 성취감, 시민적 성취감이 너무 쭈그러들고 있습니다. 역설적이게도 최근 몇 년 동안 이 무력감이 더 커진 것 같지 않나요? 불과 몇 년 전까지만 해도 '대한민국은 민주공화국이다. 모든 권력은 국민으로부터 나온다'는 헌법 1조의 정신과 함께 새로운 희망이 들끓었던 시기를 보냈는데 말이지요. 그 시기의 우리가 너무 순진했던 것일까요? 어떻게 몇 년도 채 지나지 않아 우리는 좀처럼 정치에 관해 서로 이야기하기를 꺼려 하는 침묵과 무기력한 분위기 속에 살게 되었을까요?

영국의 문화 예술 실천은 정치 각성 운동이기도 했다

영국과 미국 그리고 북유럽의 시민교육 운동을 들여다보는 것으로 정치-시민 되기 연습을 해보겠습니다. 먼저 영국을 잠깐 살펴보겠습니다. 영국은 프랑스혁명 시기 볼테르 등과 같은 지식인들이 선망했던 의회정치 시스템을 일찌감치 정립했던 나라입니다. 영국은 산업혁명 이후 급격하게 계급이 분화되었지만 치열한 투쟁을 거치면서 오늘날에는 각 계층의 독자적인 문화가 존중되는 사회 분위기를 만들어내었지요. 또한 식민지를 거느리던 제국주의 시절부터 운영하던 영국식 국제학교 시스템은 오늘날에도 여전히 전 세계의 부유층 학부모들이 자식들을 입학시키고 교육받게 하고 싶은 교육 방식으로 인기를 누리고 있지요.

영국의 정신적 자산 중에 특정 정파나 정치권력에 종속되지 않고 독립적이고 창의적인 문화예술 활동이 존중되는 분위기가 있는데요. 이것 역시 영국 시민들에 의해 오랫동안 축적되어온 문화적, 교육적 전통이기도 해요. 그중에서도 셰익스피어의 작품들을 주목해볼 필요가 있어요. 그의 작품은 단순히 문학작품 이상의 의미를 갖고 있기 때문입니다.

나는 셰익스피어 작품들 중에서 비극 못지않게 희극들과 영국의 정치-역사극들을 좋아하는 편인데요. 셰익스피어의 정치-역사극들에는 영국의 왕들이 정치권력을 쟁취하는 과정과 잃는 과정 속에서 고스란히 드러나는 인간의 정치적 본성들이 있습니다. 그의 희극들에는 인간의 어리석음과 편견이 어떤 일들을 초래하고 그것들 때문에 어떤 운명을 맞이하게 되는지 흥미진진하게 그려지고 있지요. 그래서 재미 이상으로 우리로 하여금 인간의 정치성에 대해 곰곰이 생각해볼 거리들을 던져줍니다.

셰익스피어는 하루 일과 중에 반드시 일정한 시간을 내어 사람들이 실지로 살아가는 삶의 현장(그것이 궁정이든 시장 거리이든) 속에서 그들과 함께 보냈다고 합니다. 그는 그들을 관찰하면서 자신의 통찰력으로 인간의 어리석음과 지혜, 선과 악의 부딪침을 생생하게 살려내는 작품을 만들었습니다. 그래서 영국인들에게 셰익스피어는 그들 자신을 정치적이고 시민적으로 각성시켜주는 매우 중요한 인물이 되었습니다.

우리나라에서 오랫동안 인기를 끌며 상연된 영국 뮤지컬 〈빌리 엘리어트〉에서도 우리는 영국의 정치-시민운동의 역사를 읽어낼 수 있습니다. 그리고 소설과 뮤지컬인 〈메리 포핀스〉에서는 여성참정권운동의 흔적을 발견할 수 있지요. 특히 정치-시민적 각성에 대한 문제의식이 들어 있는 여성 예술가들의 활약이 눈부신 나라 중 하나가 영국이기도 합니다. 영국 국제학교 커리큘럼을 분석하거나 영국의 커뮤니티 아트 예술가들의 활동을 보아도 건강하고 창의적인 정치-시민운동의 정신이 배어 있는 것을 확인할 수 있습니다.

다만 한 가지 안타까운 것은, 현대 사회의 정치가 돈이 많은 사람들에 의해 좌지우지되는 플루토크라시 사회여서 좋은 전통들마저 부유층이 독점하도록 물질적 문턱을 너무나 높여가고 있다는 사실이에요. 현재 영국의 국제학교는 특권층이나 부유층에 기울고 있고 영국 사회 자체가 이미 수십 년 전부터 건강한 사회 복지 제도나 문화 예술 정신들이 편향되거나 퇴조되는 흐름이 강해지고 있습니다. 아무쪼록 그 사회에 정치와 법, 사회복지 등과 같은 공적 제도 시스템에 매우 큰 역할을 해왔던 영국의 정치-시민정신 문화의 맥이 끊어지지 않기를 바랄 뿐입니다.

미국의 정치-시민운동의
맥을 이어가는 사람들

영국도 그렇지만 특히 요즘의 미국은 우리가 공부를 통해 배워왔던 그런 미국이 아닌 것 같습니다. 하지만 지금의 미국이 문제투성이라 해도 미국을 이끌어왔던 정치-시민운동의 역사적 흐름을 잠시 살펴보는 것은 꼭 필요합니다. 특히 1930년대 대공황 시기와 뉴딜 시기에 엄청나게 쏟아지던 시민교육 활동가들의 창의적이고 정력적인 활동은 그 당시 미국 사회의 저력을 느끼게 합니다.

한 가지 흥미로운 점은 미국 역시 영국과 마찬가지로 시민교육 활동을 통해 다양한 지식과 활동을 배우고 익히며, 토론을 통해 경험을 나누는 시스템이 풍부하다는 점입니다. 영국과 마찬가지로 지금의 미국은 양질의 교육 여부가 경제적 능력에 따라 잔인할 만큼 양극화되어가고 있는 게 문제입니다. 하지만 미국은 대공황 시기인 1930년 전후, 그리고 제2차 세계대전 이후 1970년 대까지만 해도 지금과는 조금 달랐어요. 이때에는 경제력과 무관하게 공적시스템에 의해 국민들이 다양한 경험을 획득하고 지식을 쌓을 수 있었습니다. 여러분이 미국이나 영국에 가서 배울 기회가 있다면 반드시 이전의 역사, 시민과 정치가 이토록 동떨어지지 않았던 시대의 역사를 탐구해보기 바랍니다.

나는 수많은 사람 중에서 헨리 데이비드 소로에 대해 잠깐 이야기해보고 싶군요. 소로의 시민불복종 이야기는 도덕윤리 교과서를 포함해서 잘 알려져 있는 편이에요. 소로는 한편으로 전원에서의 목가적인 삶을 통해 자연과 교감하며 살았던 것과 동시에 다른 한편으로는 사회 정치 공동체에서의 주체적인 삶을 통해 시민불복종 정신의 중요성을 강조한 사람입니다. 소로의 전기를 집필한 헨리 솔트의 글을 함께 읽어볼까요?

1854년 봄에는 앤소니 번즈의 사건으로 매사추세츠 주의 심장부가 들끓고 있었다. 앤소니 번즈는 도망다니는 노예였는데, 정부 당국이 그를 체포해서 노예 주인에게 되돌려 보냈던 것이다. 1854년 프라밍햄에서 열린 노예제 반대 집회에서 소로가 연설했던 에세이 「매사추세츠 주의 노예제」는 주로 이 사건을 다루고 있었다. …… 소로는 연설문에서 매우 격앙된 어조로 말했다. "매사추세츠 주가 최근 고의적으로 죄 없는 한 사람 앤소니 번즈를 자칭 주인이라는 작자에게 되돌려 보냈다. 나는 이 사회의 부도덕과 비양심적 행태에 실망했으며, 이 사건으로 인해 그동안 내가 추구해왔던 가치 있는 모든 것들이 송두리째 뒤흔들리고 있다고 느낀다." 그는 에세이 「시민불복종」에서 다시, 국가가 지원하는 노예제의 문제를 다루면서, "단 한 명일지라도 정직한 사람이 이러한 부정에 항의함으로써 매사추세츠 정부에 대한 충성을 철회하고 그로 인해 감옥에 갇히게 된다면, 미국에서 노예 제도는 폐지될 것이다"라는 신념을 피력했다.[8]

이 글을 찬찬히 읽어보면, 오늘날 우리가 겪고 있는 당혹스러운 상황과 겹칩니다. 노예제도를 철폐시키는 것에 앞장서도 충분하지 않은 행정부가 오히려 노예제도를 거부하는 사람을 국가 공권력을 동원해 잡아 노예 주인에게 돌려주었다는 것이지요. 소로는 도저히 참을 수 없었습니다. 그는 이 사건에 들어 있는 부도덕성과 비양심성에 분노하고 있습니다. 그리고 연설을 합니다. 단 한 명이라도! 부정에 눈감지 않고 그에 항의한다는 것, 시민불복종을 실천한다는 것이 곧 노예제도를 폐지하는 길이 된다고요. 그

---

8) 헨리 솔트, 「헨리 데이빗 소로우」, 윤규상 옮김, 양문, 2001, 146쪽.

리고 역사는 이것을 증명했습니다. 정부가 부도덕하고 비양심적인 일들을 반복하는데도 그냥 두고 보는 것은 그것을 허락한다는 것이고 그것을 더욱 반복하게 만드는 것입니다. 정치-시민적 불복종을 표현하는 것이야말로 그 반복을 멈추게 할 수 있다고 소로는 생각했고 그의 생각은 옳았습니다.

덴마크 그룬드비의
정치-시민 활동은 나라를 살려냈다

자, 이제 영국과 미국을 지나 북유럽 덴마크로 가보겠습니다. 영국과 미국의 시민교육 운동이 다소 전투적인 모습을 보였다면, 북유럽의 시민교육 운동은 구국운동의 모습을 띠고 있습니다. 덴마크의 그룬드비가 대표적인데요. 그는 성직자이자 교육자였습니다. 덴마크가 각종 전쟁 등으로 영토를 잃고, 황량한 사막과 다름없는 작은 토지로만 살아가야 했을 때 그룬드비가 가장 먼저 한 일은 학교를 세운 것이었습니다. 물론 학교는 이전에도 있었는데 새로운 학교는 무엇이 새로웠던 것일까요?

그룬드비는 당시 덴마크의 일반 학교 교육을 지배하고 있는 라틴식 또는 독일식의 '죽은 교육'을 버리고 덴마크 사람에게 덴마크 사람다운 정신과 교양 그리고 신앙을 깨우쳐줄 수 있는, 덴마크 사람에게 맞는 독자적인 교육을 계획합니다. 여기에는 루소나 피히테의 교육 사상도 영향을 끼쳤지만, 그가 1830년대를 전후하여 세 번이나 여행한 영국에서의 체험이 크게 작용했습니다. 그는 옥스퍼드대학과 케임브리지대학에서 본 솔직하고도 책임 있는 교육, 자유롭고 활기에 찬 대학과 시민생활, 귀족과 평민이 동등한 위치에 있는 그들의 사회와 문화 그리고 새로운 사회를 발전시켜나가는 자유의 힘에 깊은 감명을 받았던 것입니다.

그룬드비는 당시 덴마크 국민의 85~90%를 차지하는 농민과 서민 계층에 덴마크라는 나라의 운명이 달려 있다고 생각했고 덴마크의 농촌 사회와 젊은이들의 생활 리듬에 맞는 새로운 학교를 만들었습니다. 이 새로운 학교는 자격증이나 증명서, 시험을 준비하는 학교가 아니라 한솥밥을 먹으면서 공동으로 체험하며 오로지 인간 형성만을 목적으로 하는 그런 정치-시민 학교, 인성 학교였습니다. 여러분은 이런 학교를 상상해볼 수 있나요? 우리가 상상하는 대안학교와도 좀 달라요. 그룬드비는 이 학교에서 덴마크 정치-시민의 주체로 살아가기 위한 여러 지식과 교양, 경험을 함께 쌓는 계절학교 프로그램을 운영하기 시작한 거예요. 농민들과 젊은이들이 일과 교육을 병행할 수 있도록 한 것입니다. 그룬드비의 새로운 학교에는 국민 고등학교라는 이름이 붙여졌습니다.

1844년 최초의 국민 고등학교가 설립된 이후 1865년 즈음이 되면 이 학교를 거친 세대가 이전보다 훨씬 정치-시민적으로, 주체적으로도 능력을 발휘한다는 것이 입증됩니다. 이후 농업 협동조합과 농업학교, 낙농협동조합과 소비협동조합, 신용협동조합과 같은 조직 활동이 눈부시게 발전합니다. 이들 협동조합의 활동들에 다양하게 참여하면서 덴마크 농민들은 경제적으로뿐만 아니라 정치-시민적으로도 크게 성장하는데요. 이들은 협동조합 활동의 핵심 정신을 '자본이 아닌 인격의 결합'에 두고 있었습니다. 그리고 이러한 정신은 구체적으로 조직의 독립성, 자율성, 책임성으로 나타났고 복지국가와 정치적 민주주의를 이룩하는 발판이 됩니다.

협동조합 활동이라는 용어는 오늘날 우리가 구호처럼 이미 수없이 알고 있는 용어입니다. 하지만 오늘날에는 핵심 정신이 정확히 거꾸로 되어 있는 형편입니다. '인격이 아닌 자본의 결합'이잖아요. 하지만 협동조합 정신이 본래 그러했던 것은 아니라는 점을 우리는 덴마크 그룬드비의 학교와 협동조합 활동을 통해 확인할 수 있습니다. 좋은 정신에서 출발한 좋은 제도와 조직들이 영국과 미국, 북유럽의 정치-시민 활동을 통해 생겨났다는 사실을 우리는 꼭 명심할 필요가 있어요. 그리고 그러한 전통을 변질시키는 것도 한순간이 될 수 있다는 것을 알아두어야 합니다.

감옥 안에서
네루가 고민한 것들

차별과 불공정은
왜 계속되는 것일까?

여러분은 네루라는 정치인의 이름을 들어본 적이 있나요? 간디와 함께 인도의 독립투쟁을 이끈 사람입니다. 네루의 집안은 이후에도 정치인들을 배출하고 인도 정치사에 계속 영향력을 행사하고 있습니다. 네루는 간디의 독립투쟁 정신을 이해하고 공감하며 그와 뜻을 함께하면서도 완전히 일치하지는 못한 면이 있었습니다. 간디가 독실한 힌두교인으로 단식투쟁을 통한 정신적이고 영적인 독립의 힘을 강조하였다면 네루는 정치가로서 제도와 법의 개혁을 통한 현실적인 독립의 힘을 강조하였다고 할 수 있겠습니다.

유명한 정치가들이나 사상가들이 흔히 그러하듯이 네루 역시 정치투쟁을 하다가 감옥에 갇히게 됩니다. 네루는 딸에게 세계 역사 이야기를 편지로 쓰기도 하고 자신의 일생을 회고하거나 간디와의 관계 그리고 자신을 고민하게 만드는 인간 삶의 근본적 문제들에 대해 사색하고 글로 남깁니다. 이 글들은 각각 『세계사 편력』과 『인도의 명상』이라는 책으로 만들어져서 전 세계의 수많은 사람이 즐겨 읽고 있습니다. 『인도의 명상』에 나오는 네루의 고민을 잠시 엿보는 것으로 우리가 살고 있는 사회에서 횡행하고 있는 '권력의 문제'를 생각해보기로 하겠습니다.

인도에서 카스트 제도 문화가
쉽게 사라지지 못하는 이유

우리가 인도를 떠올릴 때는 참으로 복잡한 감정이 따라옵니다. 현대의 인도는 과학과 공학 분야에서 수많은 엘리트를 양성해내고 있고 세계적 부자들도 엄청나게 많은 나라입니다. 하지만 그와 동시에 수없이 많은 가난한 사람들의 열악한 삶, 그리고 오늘날의 상식으로는 쉽게 이해되지 않는 여러 종교적 신념들과 그로 인한 갈등들을 많이 보여주고 있는 나라이지요. 무엇보다 납득되지 않는 제도인 카스트 제도가 아직도 온존하고 있다는 점입니다. 카스트 제도는 인도인 스스로에게도 오래전부터 철폐되어야 할 악습으로 간주되었고 네루나 간디가 정치 활동을 하던 당시에도 폐지를 부르짖는 정치인들이 적지 않았습니다.

하지만 결과적으로 이 제도는 완전히 폐지되지 못하였습니다. 네루는 자신의 책인 『인도의 명상』에서 카스트 제도에 대처하는 문제를 두고 간디와의 차이를 보입니다. 간디는 카스트 제도와 같은 악습 문제를 법적인 조치가 아니라 종교적 포용과 사랑, 욕망의 절제 등의 정신적이고 영적인 운동을 통해서 풀어가려고 했습니다. 하지만 정치가 네루가 보기에 이러한 방식으로는 카스트 제도가 폐지될 수 없다고 생각하였습니다. 그는 종교와 도덕, 또는 종교적 운동과 정치적 운동의 차이에 대해 고민합니다. 네루가 고민한 것은 이것입니다. 왜 사람들은 나쁜 제도임에도 그 제도를 적극적으로 철폐하려 애쓰지 않는 것일까?

카스트 제도는 특정 신분이나 계층의 사람이 사회적인 직업이나 결혼 등의 선택을 개인의 자유로 할 수 없고 그 신분이나 계층 내에서만 하도록 만드는 폐쇄적 신분 제도입니다. 하지만 인도가 카스트 제도를 합법적으로 보호한 적은 없습니다. 오히려 1947년 인도의 독립 이후 법적으로 카스트 제도로 인한 차별이 금지되기도 하였지요. 네루가 고민했던 대로 법적으로 나쁜 제도를 고치려고 한 것입니다. 네루는 간디를 향하여 자신의 고민을 이렇게 고백하고 있습니다.

_____ 간디 옹께서는 생존경쟁의 패배자에 대해서 마음속으로부터의 사랑

과 동정을 갖고 계심에도 불구하고 어찌하여 마침내는 이러한 패배자를 낳게 하여 이것을 쳐부수게 될 조직을 지지하시는 것일까? 또한 옹께서는 그처럼 비폭력을 신앙하는 정열을 갖고 계심에도 불구하고 어찌하여 전적으로 폭력과 강제에 입각하는 정치적, 사회적 기구를 지지하고 계시는 것일까?…… 또다시 나는 간디 옹이 품고 계시는 역설적인 것을 생각해본다. 짓밟힐 대로 짓밟혀 압박받아온 사람들의 생활을 보다 더 낫게 해주는 일에 그처럼 열렬한 지지와 정열을 경주하면서도 어찌하여 옹께서는 분명히 붕괴되어가고 있는, 그리고 이와 같은 비참과 낭비를 조성하는 제도를 지지하고 계시는 것일까?[9]

네루는 인도와 같은 종교 사회에서 어떤 제도가 나쁜 것이라 해도 그것이 계속 유지되도록 방치하거나 간접적으로 지지하는 사람들이 적지 않음을 알고 있었습니다. 하지만 강력한 사회정치적 개혁에 앞장서는 간디에게조차도 그런 면이 있음을 알게 된 그는 고민에 빠지게 됩니다.

---

9) 네루, 『인도의 명상』 이극찬 옮김, 삼성문화문고, 1976, 256쪽, 267쪽.

네 사람의 삶과 그들의 질문

감옥에서 네루가 한 고민은 단지 네루 한 사람의 고민에 불과할까요? 오늘날 우리의 마음속에서도 불쑥불쑥 생기는 의문이 아닐까요? 왜 우리 사회는 저마다 차별과 불공정이 나쁜 것이라고 소리 높여 말하고 그것이 없어져야 한다고 이야기하지만 여전히 차별과 불공정이 사라지기는커녕 더욱 심화되고 있는 것일까요? 다음 네 사람의 삶과 그들의 질문을 들어봅시다.

___ A는 비정규직 노동자이다. 그는 같은 회사 정규직과 똑같은 일을 하면서도 임금은 훨씬 적게 받고 있다. 그보다 더 적게 받는 여성 노동자도 있다. 어느 날 그는 사장이 그나마 적은 임금조차 주지 않아 상담하러 고용노동부를 찾아갔다. 그는 어마어마한 고용노동부 건물을 보고 눈이 휘둥그레졌다. 그러고는 곰곰이 생각해보았다. 언제부터 노동부가 고용노동부로 이름이 바뀌었을까? 고용노동부는 나와 같은 비정규직 노동 문제에 관심을 갖는 기관일까? 아니면 고용주인 기업의 이익을 더 보호해주는 기관일까?

B는 비정규직 교수이다. 그녀는 어렵게 박사학위를 받고 나서 대학의 강의와 대학원의 강의를 맡고 있다. 그녀가 받는 강의료는 사립대여서 강의 1시간당 5만 원이 조금 넘고 5~6학점 한 달 강의료로 받는 돈은

100만 원이 조금 넘는다. 1년에 4개월 동안은 방학이라 수입이 없다. 12개월로 나눠 지급되는 월 60여만 원으로 그녀는 병든 남편을 돌보고 학생인 딸을 키우며 살아야 한다. 그녀가 강의하는 대학은 부유한 사립대학교이다. 얼마 전 스승의 날을 앞두고 학생들이 그녀에게 감사의 뜻으로 꽃을 전해주고 싶다고 하며 '교수님의 연구실이 어디인지' 문의를 해왔지만 대답을 하지 못했다. 그녀에게는 연구실이 없다. 학교 캠퍼스 교내 신문에는 활짝 핀 봄꽃 사진과 함께 새로 선출된 총장의 인사말이 큰 지면을 할애하여 실려 있다. 학교의 무궁한 발전에 대한 벅찬 감회가 총장의 얼굴에 가득했다. 총장은 얼마 전 뇌물 혐의를 받은 대형 기업의 사외이사로 재직하고 있다. 과연 저 총장은 나를 이 대학의 일원으로 생각하기나 할까?

C는 대형교회 부목사이다. 그는 아내와 세 아이와 함께 교회의 멋진 건물 지하 한구석 식당 옆에서 거주한다. 그는 담임목사와는 달리 신분이 보장되지 못한다. 혹시 담임목사보다 나이가 많거나 학력이 뛰어나면 곤란하다. 그는 교회의 온갖 잡무를 다 처리하고 도맡아 하고 있다. 일반 신자 가족의 장례나 병문안 역시 전적으로 그의 임무 중 하나이다. 어떤 때에는 자신의 글을 담임목사의 이름으로 교회 회보에 싣기도 한다. 그러나 부목사의 임기나 대우는 천차만별이며 표준화되어 있지 않아서 목회 활동이 언제나 불안정하다. 담임목사는 매우 선량하고

친절한 사람이며 부목사에게 따뜻하게 대한다. 하지만 부목사의 처지에 대해서는 일절 관심을 보이지 않는다. 담임목사가 주일에 설교하는 내용을 보면 감동적이다. 그는 인간은 모두 평등하며 사람을 차별해서는 안 된다는 것을 항상 강조하기 때문에 신자들에게 인기가 좋다. 그래서 교회 헌금은 잘 걷히고 교회는 내년에 새 건물을 하나 더 짓기로 결의한다. 교회는 부유해지는데 그는 생존의 위기에 처해 있다. 왜 그럴까?

D는 대학생이다. 공부를 더 하고 싶어 대학원에 진학하고 싶지만 집안 사정과 학비를 마련할 여력이 되지 않는다. 그는 예술강사 보조로 공공기관에서 단기 알바로 일하지만 모두 최저임금을 받을 뿐이다. 그가 일하는 곳에는 그가 앉아 쉴 수 있는 자리도 없다. 그의 노동시간은 4대 보험가입 자격에 못 미치는 정도로 제한되어 있다. 그는 4대 보험이 사회에서 최소한의 보장이 아니라 일부 사람들을 위한 특혜 제도가 되어버린 게 아닐까 하고 자주 생각하게 된다. 4대 보험은 왜 그렇게 자격이 복잡해야 할까?

이 네 사람의 삶은 겉으로 보면 별문제 없어 보입니다. A는 직장인이지요. B는 박사이자 교수입니다. C는 성직자이고요. D는 예술강사 보조입니다. 이들은 실업자보다는 나은 처지에 있고 지식인이어서 다른 사람들보다 배움의 혜택을 받은 사람이며 성직생활을 하는 사람은 종교인으로 대우를 받습니다. 또한 대학생이면서도 일을 하고 있으니 괜찮은 상태라고 볼 수도 있겠지요.

하지만 과연 그럴까요? 이들 네 사람의 삶에 드리워진 차별과 불공정의 그늘을 여러분은 눈치챌 수 있겠습니까? 이들은 모두 비정규 노동자라는 불안정한 신분으로 일하고 있습니다. 이들이 당연히 받아야 할 노력의 대가는 어디에서 누구에게 돌아가고 있는 것일까요? 기업과 교회, 대학과 공공기관은 우리 사회에 없어서는 안 되는 거대 조직들입니다. 그런데 정확하게 말하면 이들 조직들은 비정규직 제도를 운용함으로써 그 이익과 혜택을 누립니다. 이 네 사람이 일하는 곳인 기업과 대학, 그리고 대형교회와 공공기관의 지도자들은 언론이나 홍보를 통해 자신의 조직들이 차별이 없고 공정한 고용의 기회, 복지의 기회, 교육의 기회를 제공하고 있다고 강조할지 모릅니다. 그러나 현실은 다른 것이지요.

법적, 제도적 장치의
변화는 시작될 수 있다

우리는 이 네 사람의 삶과 그들의 질문을 통해 네루가 감옥 속에서 한 고민을 똑같이 하게 됩니다. 왜 사람들은 차별을 싫어하고 불공정한 것이 나쁜 것임을 알면서도, 특정 기관과 조직의 톱니바퀴 속에서 의사결정을 내릴 때는 차별적이고 불공정한 조치를 계속 내리는 것일까요? 우리 사회에서 이런 차별과 불공정이라는 악행은 왜 계속되는 것일까요?

독일의 신학자이자 교수, 음악가이자 의사로서의 삶을 살았던 슈바이처도 이 질문에 대해 완벽한 답을 내리지 못했습니다. 그는 이 세상의 악행이 왜 계속 존재하는가에 대해서는 완전한 설명이란 있을 수 없다고 말했습니다. 물론 그렇다고 하여 자신이 세상을 좀 더 좋게 만들려고 하는 의욕과 소망을 멈춰본 적은 없다고 말했지요. 그래서 슈바이처는 "세상에 대한 인식에 있어서는 비관적일지 몰라도 세상을 향한 의욕과 소망에 있어서는 낙관적"이라고 말했습니다. 우리도 슈바이처의 태도를 배워보도록 합시다. 비록 완벽한 설명을 하지는 못해도 우리의 의욕과 소망을 이끌고 나갈 수 있는 동력이 되어줄 바른 통찰은 필요할 것입니다.

감옥 안에서 네루가 고민한 내용들은 그가 간디와는 다른 방식의 길을 가도록 했습니다. 네루는 현실적인 정치가로서 법과 제도의 개혁을 통한 정책을 실행하고 현실화시키는 정치적 실천에 헌신하도록 했던 거예요. 그 결과 카스트 제도와 같은 것이 완전히 철폐되지는 않았어도 적어도 법적으로는 그 제도 때문에 차별을 하지 못하도록 하는 제도적 장치가 마련되었습니다. 물론 그래도 아직 카스트 제도는 온존하고 있지요. 그래도 예전과 같은 정도의 힘과 영향력을 발휘하지는 못하는 것으로 보입니다. 그렇다면 한국에서 앞의 네 사람이 겪어야 하는 차별과 불공정의 문제는 어떻게 해야 할까요?

어느 시대 어느 사회와 마찬가지로 이들 조직들이 고유의 임무보다 부수적인 이익에 관심을 더 쏟을 때 문제가 발생하기 시작합니다.

수익 모델의 추구와 편견은
차별과 불공정을 합리화한다

우리 사회가 모두 너 나 할 것 없이 수익 모델을 추구하고 모든 조직이 수지타산을 생각하고 이익을 추구하는 경영 조직으로 바뀌어갈 때가 언제부터였을까요? 학자와 교수들이 학문과 진리를 추구하면서 사회에서 지식인으로서의 소명에 충실하려는 것보다는 수익 모델을 좇기 시작하면, 대학은 학위팔이 기관, 부동산 장사 기관, 영리기관으로 바뀌기 시작합니다. 종교기관과 예술 조직, 그리고 공공기관도 마찬가지로 돈을 잘 벌 수 있도록 재조직되고 돈 잘 버는 조직의 모델을 흉내 내면서 바뀌기 시작합니다. 이들 조직에 비정규직이 대량으로 만들어지기 시작한 것은 바로 이러한 흐름에 따른 필연적 결과였습니다.

정치가 네루는 낡고 해로운 관습으로 고착된 인도 사회를 좋은 방향으로 만들기 위해 법과 제도의 개혁을 추진하고자 했습니다. 그의 정신은 네루대학의 설립뿐 아니라 그의 집안에서 그의 정신을 이어받은 정치가가 계속 탄생하도록 해주었지요. 하지만 사회 전체가 폭주하는 기관차같이 수익 모델 조직으로 바뀌도록 부추겨지는 지금의 우리 사회에서는 어떤 정치가가 어떤 방식의 정치-시민적 실천 활동을 통해 바로잡을 수 있을까요?

이것은 쉬운 문제가 아닙니다. 왜냐하면 네루와 간디 모두가 동의한 것과 같이, 사람들 속에 뿌리 박혀 있는 고정관념들, 편견들이 이러한 차별과 불공정이 계속되도록 만들기 때문입니다. 어떤 고정관념과 편견일까요? 사람들 사이에 존재하는 우열의식과 줄 세우기, 비교해서 점수 매기기 등에 의해 치열하고 처절하리만큼 경쟁을 치르는 사람들 사이에서 고착화되는 고정관념과 편견입니다.

대학의 비정규직 교수는 정규직 교수보다 실력과 능력 면에서 떨어지는 사람으로 암암리에 취급됩니다. 그렇기에 사회의 일반인들에게도 비슷하게 그러한 인식이 퍼져갑니다. 교회나 사찰 같은 종교조직에서 담임목사나 주지, 그리고 넉넉한 재물을 기부함으로써 종교조직 내에서 권력과 영향력을 행사하는 부유한 지도층 사람들에게는 부교역자가 부역자처럼 고용해서 일을 시켜도 되는 사람이라는 인식이 은밀하게 자리잡고 있습니다. 이와 마찬가지로 예술조직이나 공공기관 그리고 일반 기업조직 역시 상위 지위와 그룹들에 의해 일체의 의사결정이 좌지우지되고 단기간 일하는 사람들은 그들 마음대로 고용하고 부릴 수 있는 한시적 고용 인력들이라는 인식이 암암리에 퍼져 있습니다.

사람을 평등하고 귀하게 여기는
정치가 필요하다

이러한 인식들은 모두 수익만이 최고라는 조직의 경영 모델이 퍼뜨리는 사고방식들입니다. 그러므로 네루가 과거의 악습과 싸워야 했다면 우리는 과거와 현재뿐 아니라 미래에도 계속 승승장구할지 모르는 거대 악습과 싸워야 합니다. 그렇기에 우리의 정치-시민적 실천은 한층 더 지난한 시간을 두고 진행되어야 할지도 모릅니다. 그것은 우리가 정치라는 이름으로 하고 있는 현재의 활동을 비판적으로 숙고하고 새로운 방식의 정치, 새로운 내용의 정치를 필요로 하고 있습니다.

이 정치는 경제에 따라가는 정치가 아니라 경제를 따라오게 하는 정치입니다. 사람을 일회용품으로 만드는 정치가 아니라 사람을 귀하게 여기는 정치입니다. 우리 공동체를 서열로 나누고 정규와 비정규로 나누는 정치가 아니라 동일한 노동에 대해서는 동일한 임금을 주고 공평한 부의 분배가 보장되는 제도를 더욱 강하게 만들어내는 정치입니다.

　이제 우리는 정치도 권력투쟁이라는 한 부분만을 보고 마치 권투 경기를 관람하듯 우리 사회에서 벌어지는 정치적 문제들에 구경꾼으로 밀려나게 하는 모든 흐름으로부터 빠져나와야 합니다. 그것은 앞의 네 사람의 삶과 질문을 보고 그것은 내 문제가 아니라고 외면하지 않는 것으로부터 시작됩니다. 우리가 살고 있는 사회에서 차별과 불공정이 계속되는 것은 그것이 계속됨으로써 이익을 얻는 사람들과 조직들 그리고 관행들이 있기 때문입니다. 그리고 그런 사람들과 조직들이 고집하는 나쁜 관행들을 분명히 알아채고 그것을 바로잡으려는 마음과 그것의 반대 방향으로의 힘이 없다면 방해받지 않고 계속 넘쳐나게 되는 것입니다. 마치 카스트 제도가 그토록 오랫동안 이어져오고 피해자가 많이 생겨나도 그것을 알아채고 거대한 변화의 절박함으로 바꿔내려는 마음과 행동의 물결들이 없는 한 계속되었던 것과도 같습니다. 이제 우리는 첫 삽을 떠야 합니다. 그것은 차별과 불공정이 이 사회에서 계속되는 것을 그저 바라보고만 있지 않겠다는 의지로부터 시작됩니다.

동아시아의 정치-시민운동 (1)

홍콩, 대만 청년운동의 승리와 좌절

우리도 정부의 정책에 무조건 찬성하지 않듯이 중국, 그리고 상당 기간 중국과 독립된 국가의 시민으로 살아온 홍콩이나 대만이라고 해서 자국 정부의 정책에 무조건 찬성하지 않겠지요. 이번에는 반경을 넓혀서 동아시아에서 전개되었던 시민운동의 모습을 다뤄보려 합니다.

동아시아의 정치-시민운동은, 서양과 마찬가지로, 국가의 소수민족에 대한 강압적 지배, 식민지와 식민제국 간 악습의 잔재, 경제-정치 관료 및 지식인들의 강대국 친화적 조력 활동, 공동체에서 법과 도덕의 충돌, 종교적 계율의 영향력, 계급과 학벌의 차이에 따른 사회적 격차의 심화 등 복잡다단한 원인들에 의해 전개되었습니다. 하지만 동아시아 나라들 사이에서도 고유한 특성들이 더 많이 보이기도 하고 공통된 부분도 보입니다. 요즈음 젊은 세대는 기성세대에 비하여 홍콩과 대만에 대해 특정한 정치사회적 편견들을 별로 갖고 있지 않습니다. 요즈음 젊은 세대는 여러 가지 물려받은 불가피한 전통들에 일방적으로 끌려가는 세대는 아닙니다. 그런 점에서 매우 창의적이고 자유로운 방식의 시민적 각성과 표현이 가능해진 세대라고 할 수 있어요.

다만 염려되는 것은, 이제 그런 관심조차 버겁게 만드는 각자도생의 생존 조건입니다. 최소한의 공존과 연대조차 힘겨워지는 각자위심의 위험 사회가 되어가는 생존 조건 말이지요. 그래서 이제 새로운 시대의 정치는 개인의 생존뿐 아니라 한 공동체의 바른 생존, 적절한 생존을 반드시 함께 말해야 합니다. 그냥 시민이 아니라 정치-시민이 되어야 하는 거예요.

정치-시민적 실천은 획일적인 방식이 아닌 다채로운 방식으로 전개될 필요가 있습니다. 정치-시민적 실천이 곧 공동체적 문화 실천, 혹은 교육 실천이나 예술 실천이기 때문이에요. 다행스럽게도 우리 주위에서 이미 그런 싹들이 발견되고 있습니다. 홍콩과 대만의 청년 정치-시민의 모습에서 그 싹들을 확인해보겠습니다.

홍콩 청년들의
레논 벽 포스트잇 운동

먼저 홍콩과 싱가포르 그리고 중국 본토에서 30년 동안 살았던 나의 친구(이제는 고인이 된) 이야기를 잠깐 해볼까 합니다. 그녀는 홍콩에서의 삶이 가장 좋았다고 말하고 중국 본토에서의 생활이 매우 힘겨웠다고 회고합니다. 그녀는 두 딸을 홍콩과 베이징의 영국 국제학교에 다니게 하고, 그녀들의 정체성이 특정 국적에 매이지 않도록 했습니다. 그러면서 중국 본토의 관료적이고, 때로는 강압적인 여러 조치들에 분통을 터뜨리기도 했어요. 그녀의 두 딸은 각각 국제학과 경제학을 전공하여 한국과 미국의 기업체와 대학에서 근무를 합니다. 그녀들은 한국인이라는 특별한 자부심이 있기보다는 '교육받은 국제인, 교양 있고 능력 있는 지식인'으로 사는 삶의 정체성이 있습니다. 특정 국가에 종속되는 정체성이 아니지요. 그녀는 내게 이렇게 말했습니다.

나는 사람들과 만나면 항상 내 의견을 말하는 편이야. 그런데 어떤 이들에게는 이런 나의 태도가 영 못마땅한가 봐. 내가 항상 자신의 의견을 내세운다는 거야. 하지만 나는 그냥 내 의견을 말하는 것일 뿐이야. 내가 자랑하려 해서가 아닌데 오해도 사고 기분도 좀 나쁜가 봐. 하지만 남이 하니까 대중 비슷하게 몰려가거나 눈에 띄거나 하는 것을 피하는 게 내게는 좀 이상해. 오랜만에 한국에 돌아와 수십 년 전 대학 동창들을 만났어. 그런데 나는 그들의 태도에서 매우 무례한 모습들을 발견했어. 나는 그 모임 자리에 오래 있을 수가 없었어. 자신의 의견도 분명하지 않으면서, 또 한편으로는 스스로 깨닫지 못할 정도로 권위적이고 무례했거든.

요즈음 젊은 세대는 내 친구나 그녀의 딸들과 비슷할 라이프 스타일에 동의할 거예요. 자신의 생각과 자신의 의견이 있고 그것을 표현하고 존중받는 분위기가 점점 더 많아져야 시민적 토론도 활발해지는 것인데, 무언가 말할 수 없는 권위와 무례함이 나이 많은 세대에게 있다면 그건 문제이니까요. 홍콩의 정치-시민운동을 주도한 청년들도 이런 분위기에서 자란 젊은 세대들입니다.

홍콩의 정치-시민운동 중에서 나는 특히 청년들의 문화적 감수성과 창의성에 주목해볼 예정입니다. 내가 여러분에게 추천하는 참고 자료는 윤영도의 「홍콩 레논 벽과 포스트잇 그리고 정동정치—홍콩 우산혁명과 송환법 반대시위를 중심으로」라는 글입니다. 똑같은 중국인이지만 중국 본토와 홍콩인들은 매우 큰 문화적 정체성의 차이를 보입니다. 홍콩에서 일어났던 굵직한 정치-시민운동들은 바로 이들의 중국 본토나 중국 정부에 대한 주권적, 주체적 태도와도 관련되어 있어요. 홍콩 내 친중국 세력에 대해 정치-시민들은 저항 혹은 타협, 거부 혹은 참여 등의 다양한 스펙트럼의 모습을 보여줍니다. (친일파는 단지 우리나라에만 있었던 게 아니에요.) 윤영도는 다음과 같이 말합니다.

> 갈수록 격해져가는 중국과 홍콩 사이의 갈등의 배경에는 '양제'라는 시스템 문제를 둘러싼 정치적 논리적 충돌이 놓여 있기는 하지만, 그 이면에는 오히려 뿌리 깊은 절망과 분노, 그리고 강력한 정동정치(politics of affect)의 측면이 더 크게 작용하고 있다고 판단된다. …… 탈냉전탈근대의 시대적 맥락의 변화와 함께, 욕망과 자본의 지상명령에 충실한 신자유주의의 흐름에 저항하는 점령운동 청년세대의 달라진 운동 양상은 기존의 전위당과 같은 조직 중심의 상명하달식 리더십이나 동원이 아닌, 새로운 창의적이며 정동적인 운동 및 실천 양상으로 변모해가고 있다. …… 그리고 또 한 가지 이번 홍콩 송환법 반대 시위에서 독특하게 부각되고 있는 하나의 문화적 운동방식 중 하나는 바로 '레논 벽(Lenon Wall)'이라는 이름으로 불리는 포스트잇으로 장식된 시민게시판 운동이다.[10]

---

10) 윤영도, 「홍콩 레논 벽과 포스트잇, 그리고 정동정치─홍콩 우산혁명과 송환법 반대시위를 중심으로」, 『중국문화연구』 제46집, 2019, 109쪽~111쪽.

윤영도는 '정동정치'라는 표현을 사용하며 홍콩 청년세대 시민운동의 특징을 총체적 분노와 저항, 불복종의 감정 영역의 표현으로 분석해내고 있습니다. 일반적으로 '이성' 대 '감정', '명료하고 명철한 객관적 인식' 대 '불명확하고 불완전한 주관적 감정' 등의 구분이 서양의 학문뿐 아니라 동양의 학문에서도 지배적이었습니다.

하지만 최근 동양의 학계에서 새롭게 주목하고 있는 감정 이론에 의하면, 감정은 이성의 영역과 전혀 무관한 것이 아니며 오히려 그보다 더 깊은 차원에서 포착되는 감수 능력입니다. 개인의 취약성이나 수치심뿐 아니라 사회 공동체가 구성원들의 취약성이나 수치심 문제를 어떻게 공공선의 차원에서 바르게 파악하고 개선할 수 있는가에 따라 그 공동체의 정치-시민의식이 다르게 해석될 수 있다는 것이지요.

공감과 연대의 정치-시민운동의
폭발력과 한계

홍콩은 영국의 식민지였지만 탈중국화되면서 오히려 본토보다 선진적인 문화와 교육, 경제적 수준을 누려왔던 측면도 있습니다. 그런 만큼 기계적인 본국 송환이나 중국 정부에 의해 가해지는 여러 조치들이 홍콩인들에게는 자신의 주권의식과 문화적 정체성과 독립성이 훼손되고 있다는 '정동적-전신체적'인 표현으로 나타나고 있는 것입니다. 윤영도가 지적하고 있듯이 이들에 의해 주도되고 있는 정치-시민적 실천은 일종의 문화운동의 모습을 보입니다. 홍콩의 레논의 벽은, 격론의 장인 대자보 운동과는 달리, 공감과 연대의 장으로서 기능하고 있습니다.

나는 수년 전부터 우리 사회에 비통한 사건들이 벌어질 때마다 그 장소에 빼곡히 붙여지던 포스트잇을 또렷하게 기억하고 있습니다. 그 내용은 다양했고 짧았지만, 포스트잇이라는 공통의 표현 방식을 통해 연대와 공감을 표시한 것이죠. 요즘 우리 시점으로 보면 이미 익숙한 표현 방식이 되었지만, 초기에는 얼마나 폭발적이고 신선했었는지요. 특히 젊은 청년들과 학생들이 개인의 이해관계를 넘어서서 서로 공감하고 지지하며 응원하면서 혹은 슬픔을 함께하면서 뭔가 발언을 쏟아냈던 소중한 사건이었고 결국 그 사건이 기폭이 되어 사회 전체의 변화를 촉발했습니다.

그러나 자발성은 한편으로는 강점이 되고 다른 한편으로는 약점이 되기도 합니다. 자발적으로 생겼다가 자발적으로 사라지기 때문입니다. 수없이 붙여졌던 포스트잇들은 일정 시간이 지나면 고스란히 누군가에 의해 떼어졌습니다. 수많은 사람의 공감과 연대, 분노가 응집되던 장소도 어느 순간 말끔하게 바뀌어 있습니다. 그곳에서 무슨 일이 일어났는지 최소한의 기록도 없는 무례함이 반복되고 있는 거지요.

인도 불교의 창시자 싯다르타 붓다는 이런 유언을 남겼습니다. "모든 행(동)은 소멸하는 것이다. 그러므로……." 붓다는 이어서 그 다음에 무슨 말을 했을까요? 그는 이렇게 말했습니다. "그러므로 부지런히 계속해야 한다." 언제 우리가 이토록 멋진 시민의식을 갖고 있었던가 놀라워하지만 또 금방 어느 순간 그것이 흔적도 없이 사라져버리는 느낌이 들 때, 붓다의 말을 떠올리도록 합시다. 다행스럽게도 홍콩에서 폭발적으로 전개되었던 용감한 정치-시민들의 운동은 이후에도 꾸준히 비협조, 투표거부 저항 운동으로 이어지고 있습니다. 그것은 누군가가 계속 멈추지 않고 정치-시민적 실천을 위해서 논의하고 관심과 공감을 나누는 노력을 하고 있기 때문입니다.

대만 청년들의
풀꽃 이름 붙이기 운동

이번에는 대만으로 넘어가보겠습니다. 홍콩이 영국의 식민지였다면 대만은 일본의 식민지였는데요. 우리나라가 일본에 대해 갖고 있는 태도를 생각하면 대만이 일본에 대해 갖고 있는 태도는 우리를 약간 당혹스럽게 만듭니다. 대만은 일본 식민지 시절을 증오하지 않는 편이죠. 일본도 대만을 아주 많이 좋아합니다.

대만에도 학생들의 주도로 민주화운동이 전개되었는데요. 내가 여러분에게 추천하는 참고 자료는 황선미의 「대만 민주화학생운동을 통해 본 민중가요」입니다.

황선미는 대만의 청년시민운동 중에서 특히 1990년의 '들백합운동', 2008년의 '산딸기운동', 2014년의 '해바라기운동' 세 가지를 집중적으로 살펴보고 있습니다. 운동의 이름이 정겹네요. 프랑스의 노란 조끼 운동이나 홍콩의 우산 운동과는 달리 대만의 학생들은 자신들의 운동에 풀꽃 이름을 붙였습니다. 황선미는 이런 방식의 '이름 붙이기'의 의미를 다음과 같이 설명합니다.

―――　학생운동이 일어날 때마다 학생들은 시위에 풀꽃 이름을 붙였다. 들백합은 대만 고유종으로, 봄에 하얀 꽃을 피우는 품종이다. '자립, 강한 생명력, 개화, 고결' 등 생명력과 강인함의 상징으로, 이들은 중정기념당 쯔유광장에 거대한 들백합을 내걸었다. '산딸기'는 딸기 세대의 나약한 이미지를 벗어던지기 위해 '딸기' 앞에 '들 야(野)'자를 붙여 꼿꼿하면서도 강인한 의지를 발현하고자 했다. 해바라기는 '희망'의 상징물이 되었다. 학생운동은 선동이나 동원이 아닌 시민의 문화적 표현이었다.[11]

11) 황선미, 「대만 민주화학생운동을 통해 본 민중가요」, 「중어중문학」 제81집, 2020, 59쪽.

홍콩과 마찬가지로 대만인들에게 중국 본토와의 관계는 매우 중요한 사회 공동체적 이슈가 되어왔습니다. 2014년 해바라기 운동에서 대만 청년들은 검은 옷을 입고 손에 해바라기를 든 채 시위하는데요. 이들은 대만 정부가 지나치게 친중국적인 정책이나 협정으로 쏠리는 것에 문제를 제기합니다. 중국 본토가 갖고 있는 막대한 경제력을 바탕으로 한 불평등하고 불공정한 협정이 맺어지게 되면 대만인들의 삶에 위협이 되기 때문일 것입니다.

하지만 이런 협정을 통해서 오히려 혜택을 누리는 사람들이 분명히 있게 마련입니다. 우리나라에 친일파가 있다면, 대만에는 친중파가 있는 것입니다. 극단에서 극단으로 친중과 반중의 깃발을 꽂고 나면, 그 사이에 다양한 스펙트럼으로 여러 정치사회적 세력들이 존재하게 됩니다.

그러나 대만의 청년들은 현실적으로 자기 개인이 속한 특정 기득권 세력의 이해를 대변하는 행동을 하지 않았습니다. 그런 면에서 대만 청년들의 풀꽃 이름 붙이기 정치-시민운동은 공공선의 가치를 보여주고 있습니다. 대만 사람들이 중국 본토의 언어를 사용하지 않고 대만어 사용을 포기하지 않는 것, 대만 정부의 정책이나 국제 협정이 소수 특정 이해관계에 얽혀 있는 사람들에 의한 밀실에서가 아니라 투명하게 공개되고 공론을 통해 진행되는 일 등이 대만 청년들에 의해 계속 주장되었습니다.

정치는 민관협치의
거버넌스 활동이다

그런데 이런 주장들은 대만뿐 아니라 정치-시민적 실천을 생각하는 모든 나라의 정치-시민들에게도 중요합니다. 모국어의 존중은 단지 민족적 배타성의 문제가 아니라 모국어만을 통해 드러나고 표현될 수 있는 시민의 정신적 정체성이기 때문입니다. 한 국가 공동체에서 정치나 정책, 협정이 투명하게 진행되도록 감시하고 영향력을 미치는 것은 정치-시민운동에서 정말 중요한 활동입니다. 이것은 단지 형식적인 절차상의 문제가 아니고 실제 내용에서도 시민과 관이 협력하여 함께 다스린다는 거버넌스(governance), 즉 '민관협치'의 의미에 충실하기 때문입니다.

개인으로서의 자아 정체성뿐 아니라 공동체로서의 정체성 또한 막연하다가 어느 계기를 통해, 심지어 갈등이나 싸움을 통해, 비로소 드러나고 정립되는 게 아닐까요? 정치-시민 되기 연습 또한 고정된 것으로 미리 정해져 있는 게 아니라 어떤 지성과 행위의 전통과 관련되기도 하고 또 새롭게 정립해가는 것이기도 하지요. 그 모든 것이 개인인 우리 자신의 삶과 떨어져 있지 않습니다.

제 5 장

만유인력?
만유권력!

교토학파의 니시다 기타로와
그의 제자들

정치 이야기를 하면 꼭 등장하는 개념이 바로 '권력'입니다. 정치하는 사람들은 너나없이 권력을 획득하고 강화하거나 또는 권력을 잃는 문제에 관심을 갖습니다. 우리 일반인들 역시 정치에 대해 생각하면서 권력의 문제를 도외시할 수는 없습니다. 그렇기에 우리는 권력이 어떻게 생기고 확대되며 쇠퇴하는지에 관해서 주의 깊게 천천히 살펴볼 필요가 있어요.

과연 권력은 누구에 의해 어떻게 탄생하는 것일까요? 과연 권력은 어떤 사람들에 의해 유지되고 강화되며 확대되는 것일까요? 그리고 어떻게 소멸하는 것일까요? 권력을 만들어내는 사람들이 있고, 권력을 확대하고 그로 인해 혜택을 입는 사람들이 있습니다. 그러나 잘못된 권력에 의해 피해를 입는 사람들도 있지요. 그래서 잘못된 권력에 저항하는 사람들도 있습니다. 이런 사람들은 과연 누구일까요? 이런 사람들과 우리 일반인들은 완전히 동떨어진 존재일까요?

이번 정치 공부의 주제는 권력의 문제입니다. 이를 위해 일본에 대해 생각해볼 거예요. 일본 교토는 전 세계의 관광객들에게 인기가 좋은 도시 중 하나입니다. 봄에는 벚꽃 구경으로, 가을에는 단풍 구경으로 수많은 사람이 몰리는 곳이지요. 교토에는 '철학자의 길'이라는 관광 명소가 있습니다. 이 철학자의 길의 주인공은 바로 교토대학 교수였던 니시다 기타로라는 철학자입니다. 니시다 기타로와 그의 제자들의 사상과 견해들을 모두 합하여 교토학파로 불리고 있지요. 하지만 간디와 네루의 차이와 마찬가지로, 이들 사이에도 적지 않은 견해의 차이가 있습니다. 이들의 정치철학을 조금 살펴보도록 하겠습니다. 이 과정에서 우리는 권력이 탄생하고 확대되다가 쇠퇴해가는 현실 정치의 흐름을 조금 이해할 수 있을 거예요.

니시다 기타로는
권력이 인간의 정신에서 탄생한다고 말한다

일본은 우리나라에게 결코 호의적인 나라가 아닙니다. 수많은 일본 문화의 멋진 내용들에도 불구하고 이웃 나라들을 향한 그들의 정치적 탐욕과 그로 인해 빚어진 수많은 피해를 생각하면 결코 그들의 철학을 한가하게 논하고 음미하는 일이 쉽지 않습니다. 그럼에도 불구하고, 우리의 분노와 경계심을 조금 가라앉히고, 이들의 생각과 사고방식, 그리고 행동 습성을 냉철하게 분석해볼 필요가 있습니다.

니시다 기타로는 일본 내에서 일본인들의 자부심을 높인 일본적 철학을 탄생시킨 존경받는 사상가입니다. 그리고 그의 제자들 중에는 이를 학문적으로 계승한 제자가 있는 반면, 그러한 자부심을 정치적 권력으로 탄생시키고 강화하는 데에 조력한 제자가 있습니다. 니시다 기타로는 다음과 같이 말했습니다.

> 몇 천 년을 경과하고 몇 천 리를 떨어져 있어도 사상감정은 서로 상통할 수 있다. …… 위대한 사람은 수많은 사람들을 감화시켜 한 무리로 아우르며 동일한 정신으로 지배한다. 그럴 때 그 사람들의 정신을 하나로 간주할 수 있는 것이다.[12]

일본인이었던 니시다 기타로는 서양의 정치철학에서 다루는 관점이 동양인의 사고방식과는 차이가 있다고 생각했습니다. 일

---

12) 니시다 기타로, 『선의 연구』, 윤인로 옮김, 도서출판 b, 2019, 80쪽.

본 선 수행 활동을 오랫동안 한 그는 서양의 정치철학을 지배와 복종을 중심으로 분석하면서 권력이 어디로부터 나오는가에 대해, 그것을 '인간 바깥에서 항상 찾는다'고 말합니다. 하지만 그는 종교적 절대자인 신으로부터 권력이 나온다거나 강력한 지배자인 군주로부터 나온다는 생각에 완전히 찬성하지 않았습니다. 서양에서 교황과 왕으로 상징되는 모습을 상상할 수 있지요? 그들은 인간을 지배하는 권력자들이었습니다. 평범한 인간은 권력을 만들 수 없었고 오로지 권력의 지배에 복종하는 것만이 의무였습니다.

하지만 니시다 기타로는 권력이 인간 바깥으로부터 탄생한다고 보지 않았습니다. 그는 인간 내면에 있는 정신적 힘에서 바로 권력이 탄생한다고 보았습니다. 인간의 정신이 가진 힘은 시간과 공간을 넘어서서 수천 년이 흐르고 수천 리가 떨어져 있어도 막강한 권력을 행사한다는 것입니다. 수많은 사람으로 하여금 하나의 생각과 하나의 감정으로 아우르며 하나의 마음이 되게 할 수 있는 것도 이 때문이라고 그는 생각했습니다. 위대한 인간은 그렇게 할 수 있다는 것이지요. 그런데 니시다 기타로가 찬양한 이 위대한 정신으로서의 인간은 신이나 절대국가가 아닙니다. 우리와 같은 일반인들의 마음과 정신 안에 이런 면이 들어 있다는 것입니다.

니시다 기타로의 철학은 일본 군국주의자들의 큰 관심을 끌었는데요. 우연의 일치일까요? 권력에 대한 니시다 기타로의 사상은 특히 동아시아에서 식민지를 지배하며 권력을 키워가던 당시 일본 군국주의자들에게 환영을 받습니다. 그들 일본인의 마음과 혼에 자부심을 심어주고 그들이 하는 일에 명분을 주었던 것이지요. 그들 군국주의자들은 대일본제국의 사람들은 막강하고 힘이 끊임없이 차오르며 매우 주체적인 인간들이라고 생각하게 되는 거예요. 일본인들은 동양인 중에서도 가장 뛰어난 인종이고 우월한 국민이라는 생각도 강화됩니다.

그들은 일본 혼을 내세워 아시아에서 서양 문물을 가장 먼저 받아들이면서도 서양의 막강한 종교였던 기독교가 일본 내에 퍼지는 것을 철저히 금지했습니다. 니시다 기타로의 철학적 통찰은 단지 일본인에 국한된 것이 아니라, 서양 정신과 구별되는 동양 정신의 일반적 특성을 말한 것입니다. 그런데 그 일반적 특성은 점차 사라지고 당시의 일본인들, 특히 일본 정치권력자들에게 매우 치우친 방식으로 기여한 셈이 되었던 것입니다. 무사의 나라 일본인들에게 힘과 권력의 문제는 핵심적인 관심사였기 때문이지요.

그렇다면 니시다 기타로는 국가를 어떻게 생각했을까요? 니시다 기타로는 멸사봉공주의자, 즉 자신의 개인적 가치는 상관없이 오로지 국가를 위해 충성을 다하는 황국신민, 일본 제국주의 신민을 찬양하고, 일본이라는 나라만을 최고로 생각했을까요? 그의 말을 들어볼까요?

> 국가의 본체는 우리들 정신의 근저인 공동적 의식의 발현이다. 우리는 국가에서 인격의 큰 발전을 이룰 수 있는 것이다. …… 국가의 제도·법률은 그러한 공동의식의 의지의 발현일 뿐이다. …… 우리가 국가를 위해 진력하는 것은 위대한 인격의 발전·완성을 위해서이다. …… 참된 세계주의라는 것은 각각의 국가들이 없어진다는 뜻이 아니다. 그것은 국가들 각각이 점점 더 강고해져 각자의 특징을 발휘함으로써 세계 역사에 공헌한다는 뜻이다.[13]

　이 글을 언뜻 보면 니시다 기타로가 결코 일본이라는 국가만을 유일하게 위대한 존재로 보았다는 증거는 없습니다. 하지만 다시 찬찬히 읽어보면, 그의 말 속에 개인의 정신이 국가의 정신 속에 용해되어 위대한 국가정신을 이룬다는 내용이 있습니다. 또 니시다 기타로는 서양의 국가들과 동등하게 맞서는 동양의 국가들 중에서 일본의 지배적 위치를 아예 부정한 것 같지도 않아요. 그

---

13) 니시다 기타로, 『선의 연구』, 윤인로 옮김, 도서출판 b, 2019, 234~236쪽.

에게 각 국가의 동등성은 같은 동아시아 국가들 사이의 문제라기보다는 일본 국가와 서양 국가들 사이의 문제로 집중되어 있는 것 같아요. 식민제국으로서 식민지 국가들의 문제를 고민한 흔적은 쉽게 발견하기 어렵군요.

니시다 기타로 제자들의
상반된 모습

니시다 기타로는 그의 학문적 사색을 통해 인간 바깥에서 권력의 정당성을 찾지 않고 인간 내부의 정신, 그리고 인간과 인간 사이의 공동체적 국가정신에서 권력의 기원을 찾았습니다. 하지만 안타깝게도 그의 학문적 결실들은 그의 일부 제자들과 그의 학문을 정치적으로 활용한 일본 국가의 지도자들, 지식인들, 국민들에 의해 다소간 국가주의적 권력의 행사를 정당화시켜준 결과를 초래하고 말았습니다.

전통적 신도 사상과 관련하여 국가에 대한 일본인들의 충성 기질은 다분히 개인의 몸과 마음을 바쳐 국가에 충성하자는 멸사봉공의 국가주의적 색채를 띠고 있습니다. 그리고 바로 이런 점들이 니시다 기타로의 제자들 일부에 의해 더욱 증폭됩니다. 그의 제자인 니시타니 게이지는 일본인의 우수성이나 일본이라는 국가의 발전을 위해 모든 진력을 쏟아붓는 집단적 분위기가 강화되는 데에 조력한 인물입니다.

니시타니 게이지 같은 일본 우월론자가 있었다면 같은 제자들 중에는 오히려 일본 제국주의의 야만성을 비판하는 사람도 있었어요. 미키 기요시 같은 사상가가 대표적입니다. 미키 기요시와 니시타니 게이지는 상반된 사상으로 모두 일본인들에게 강한 영향을 미치게 된 거예요. 그렇게 니시다 기타로의 교토학파는 일본인들에게 한편으로는 국가주의적 우월감을, 다른 한편으로는 그것에 비판적인 양심을 모두 제공하면서 영향력을 행사했습니다. 그들 자신의 철학대로, 교토학파의 정신은 권력을 누리게 된 것입니다.

아직도 일본의 정신적 지배력에 종속된 한국 지식인들이 있다

여러분은 친일파 혹은 토착왜구라는 구호를 집회나 시위 현장, 혹은 언론 등을 통해 접해본 적이 있지요? 우리나라는 일제 강점시기를 거치면서 일본의 이러한 군국주의적 정신과 권력질서에 어떻게 대응해오고 있을까요? 불행하게도 일제 식민지 시대에 우리나라의 적지 않은 지식인들, 특히 교육자들이나 정치인들, 심지어 예술인들까지 이러한 분위기의 희생물이 되거나, 이러한 분위기를 앞장서서 실천하였습니다.

물론 이와는 반대로 일본이 한국을 제국주의의 신민으로 동화시키려는 행동이 그토록 강했음에도 불구하고 그에 끈질기게 저항했던 정신의 힘들 또한 면면히 이어져오고 있습니다. 정신의 힘들 사이에 힘겨루기가 계속되고 있는 거예요. 한 국가 공동체의 정신을 확장하고 그에 의해 다른 국가들까지 영향력을 미쳐 지배하려는 사람들에 의해 크고 작은 영향력, 즉 권력이 끊임없이 만들어집니다. 그들은 선량한 학자일 수도 있고 군인일 수도 있으며 언론인일 수도 있습니다. 심지어는 큰 욕심 없이 자기 한 몸 이 세상에서 조용히 잘 살기만을 바라는 평범한 사람들에 의해서도 만들어집니다.

　일제강점기를 겪는 동안 우리나라의 어떤 지식인들은 위선적인 모습을 적나라하게 드러냈습니다. 그들은 일본의 정치권력을 묵인하고 그 권력이 만들어놓은 법이나 제도 속에서 착실히 성장하고 그들의 인정을 받아 물질적이고 사회적인 혜택을 누리며 살았습니다. 동시에 그들은 앞장서서 한국의 주체적 생존권과 물질적 자원들을 일본에 팔아넘기기도 했습니다. 이 모든 사람을 우리는 친일파 혹은 토착왜구라고 부르게 됩니다. 겉은 한국 사람이지만 속마음과 정신, 뼛속까지 일본 사람과 일본 정신으로 바뀌어버린 사람들입니다. 그들은 그렇게 시대 속에서 물질적 이익과 사회적 특혜를 누리며 살고 일본을 추종하면서 한국 내에서 권력과 명예, 부를 계속 누리며 살고 있습니다.

친일파들은 여전히 없어지지 않았고
더욱 활발해지고 있다

다른 한편으로 일본의 불법적인 정치권력하에서 피해와 수탈을 받을 수밖에 없는 사람들도 있었습니다. 그들은 이런 상황에서 자신의 개인적 이익에 충실히 따르는 삶을 선택하는 대신에 한국의 정치적, 경제적 주권을 회복하고 더 이상의 피해를 막기 위해 일본의 권력에 계속 맞서고 저항했습니다. 그들은 개인적 삶의 수난과 고난을 감내했습니다. 이 모든 사람을 우리는 독립투쟁과 혹은 항일파라고 부릅니다.

일제가 물러나고 광복이 되고 나서 우리나라에 어떤 일들이 계속 발생하였는지 우리는 역사를 통해 어느 정도는 알고 있지요? 지금 문제가 되는 것은 친일파와 항일파 이 두 부류의 지식인들이 광복 이후 80여 년이 가까이 되는 현재, 어떤 모습으로 살아가고 있는가 하는 점입니다. 한국의 정부가 저지른 가장 치명적인 실수는 해방 후에도 오랜 기간 친일파의 행동에 대한 충분한 역사적 평가와 처벌을 하지 않았다는 점입니다. 그래서 수많은 친일파의 후손들에 의해 한국 사회의 정치권력은 상당 부분 큰 변화 없이 계속 비슷하게 만들어지고 비슷하게 유지되거나 확대되고 비슷하게 저항하고 있는 싸움의 연속선상에 놓여 있다는 것입니다.

미국이나 일본의 정치권력을 만들어낸 사람들은 그들이 지배한 나라 사람들 중에서 자신의 지배력을 강화시킬 조력자들을 찾아내어 그들에게 권력 창출과 유지의 노하우를 전수합니다. 가장 우선이 되는 것은 그들과 가까운 관계이고 그들에게 충성할 수 있는 사람들인가 아닌가에 달려 있습니다. 그래서 친일본파, 친중국파, 친미국파, 친영국파 등등의 명칭이 붙여지는 것입니다. 그들에게는 '친'한가 아닌가가 가장 중요한 가치관이고 목적입니다.

그런데 친외국파로 살기를 선택하는 이유는 무엇일까요? 자국 내에서 출세와 명예, 권력과 부와 지위를 획득할 수 있기 때문입니다. 그들은 물질적 부를 쌓고 그 부를 통해 권력이 만들어지도록 관계망을 형성합니다. 그렇게 해서 권력의 폐쇄적 구조가 만들어집니다. 지금 한국에서 친일파는 사라졌을까요? 친일파가 삶에서 추구하던 정신은 충분히 극복된 것일까요? 항일파가 삶에서 추구하던 정신은 충분히 존중되어왔을까요? 최근의 우리 현실을 보면 결코 그렇지 않습니다. 오히려 역사가 거꾸로 진행되는 듯한 암울한 모습까지 눈에 띄고 있습니다.

만유인력과 만유권력

서양의 과학자 뉴턴은 만유인력의 법칙을 발견하였습니다. 모든 존재는 서로를 끌어당기는 힘이 있다는 것이지요. 일본의 철학자 니시다 기타로와 그의 제자들은 일본인의 정신적 힘과 국가 권력의 가치를 한껏 북돋아주는 역할을 했습니다. 뉴턴의 표현을 빌려 이것을 표현하면 만유권력이 됩니다. 모든 인간 존재는 서로에게 권력을 행사하는 힘이 있다는 것입니다.

그것은 바로 정신력, 정신의 힘, 정신의 권력입니다. 안타깝게도 니시다 기타로의 제자들 일부는 그러한 정신적 힘을 일본인의 혼, 일본제국, 일본인의 지배력과 타 국가로 향하는 영향력에서 그 긍정적 실현의 사례를 찾았습니다. 물론 그 제자들이 스승 니시다 기타로의 정신을 온전히 계승한 것인지 아니면 왜곡시킨 것인지는 관점의 차이에 따라 논란의 여지가 있습니다.

어쨌든 일본인들은 물질과 무력이라는 힘의 근저에 정신의 힘, 혼을 다하여 권력을 만들고 법과 제도로 만들며 개개인의 정신 속에 그러한 권력의 정당성을 주입시키는 데에 필사적이었습니다. 그 능력은 식민지를 착취하면서 발전된 것입니다. 하지만 그러한 권력은 오래갈 수 없었습니다. 어쩌면 그것은 니시다 기타로가 말한 대로인지도 모릅니다.

니시다 기타로가 꿈꾸었던 세계 국가는 개개의 국가를 없애는 것이 아니라 각 국가가 스스로의 힘을 충분히 발휘하는 과정에서 만들어지는 것이었습니다. 하지만 현실의 일본은 일본 국가를 중심으로, 마치 로마 제국이 그렇게 했듯이, 다른 국가의 근본적 정체성을 없애고 지배하였습니다. 그리고 그것은 결국 실패를 자초하는 것이었습니다.

국가의 정신을 구성하는
여러 가지 권력들

그런데 말이에요. 한 국가의 정신은 그 국가를 구성하는 개인들의 정신과 완전히 동떨어져 있지 않습니다. 국가의 권력을 대표하는 사람들의 정신 역시 국민들의 정신의 힘에 의해 이끌어지는 것입니다. 바로 여기에서 우리가 주의해야 할 아주 중요한 점이 있어요. 국가의 권력을 대표하는 사람들의 정신을 이끌고 가는 사람들은 어떤 사람들일까요? 그들의 정신에 의해 대다수가 이끌려가도록 하는 권력은 어떻게 만들어지는 것일까요?

앞에서 우리는 한 사회 공동체에서 부당하게 불이익을 받는 사람들, 억울한 처우를 받고도 감내하는 지식인들의 모습을 잠시 살펴보았습니다. 수많은 사람이 부당하게 불이익을 겪고 있고, 수많은 사람이 억울해하는 데도 그것이 고쳐지거나 개선되지 않는 이유는 바로 그러한 불이익과 억울함을 통해 이익을 얻고 혜택을 누리는 사람들의 권력이 계속 행사되고 있기 때문입니다. 이들을 우리는 이미 익숙한 용어로 부릅니다. 이 사람들은 기득권 세력입니다. 즉 특정한 사람들의 불이익과 억울함이 법과 제도로, 관행으로 계속 유지되도록 배후에서 손을 쓰고 영향력을 행사하는 권력자들인 것입니다.

하지만 이들에게만 권력이 존재합니까? 그렇지 않습니다. 만유권력입니다. 모든 개인들에게는 권력이 존재합니다. 그럼에도 불구하고 우리 사회에는 갑을관계가 계속됩니다. 갑질도 계속됩니다. 우리가 기득권이라고 부르는 사람들의 권력이 더 강하게 행사됩니다. 그래서 이들의 이익과 혜택이 계속되고 있는 것입니다. 이들이 권력을 계속 만들어내고 유지하며 확대할 수 있는 데에는 이들에게 우호적인 법과 제도, 그리고 사회적 관습과 사회 인식이 있습니다.

권력은 크고 작은 조력자들에 의한 제도적 장치를 필요로 한다

예를 들어볼까요? 앞에서 말한 네 사람이 당하는 부당한 대우에 관해 다시 생각해봅시다. 정규직과 비정규직을 구분하고 이들 사이에서 부당한 임금 차별과 노동 조건의 차별을 맨 처음 만들어낸 사람들이 존재합니다. 이들이 이런 짓을 하고 이것을 법과 제도로 못 박아 두는 이유는 이를 통해 막대한 비용을 줄일 수 있고 막대한 이익을 발생시킬 수 있기 때문입니다. 그런데 동일한 노동에 대해서 동일하지 않은 임금이 지불되는데도 수많은 비정 규직이나 이를 바라보는 시민들이 어쩔 수 없이 응합니다. 도대체 왜 그냥 따르는 것일까요?

이들 제도적 장치들은 우리의 속마음에 깃들어 있는 '차별하 고 차이를 만들어내는 정신적 서열 의식, 줄 세우기 의식, 경쟁과 승리 의식'을 교묘하게 활용합니다. 그 속마음은 이렇게 속삭입니 다. '정규직이 못 되고 비정규직이 되었다면 그들에게 뭔가 부족 한 것이 있어서였겠지. 정규직이 될 만한 자격을 충분히 갖추지 못했기 때문이 아니겠어? 마치 우리가 오랜 시간 동안 학교에서 성적에 따라 우열이 매겨지는 것을 당연하게 생각하고, 학벌에 의 해 우열이 매겨지는 것을 당연하게 생각하는 것과 마찬가지야. 비 정규직은 저항하기보다는 자신의 부족함을 먼저 생각할 필요가 있어. 그리고 열심히 노력하면 언젠가는 정규직이 될 수 있다는 희망을 가지면 되잖아.'

하지만 정규직과 비정규직의 임금 차별과 노동 조건의 차이는 능력과 전혀 무관합니다. 애당초 이 제도는 사용자 측의 경제적 이익과 비용 절감을 위해 만들어진 고용 권력의 일종이기 때문입 니다. 이런 식으로 우리 사회에는 경제적 강자에 의해 권력이 무

절제하게 만들어지고 유지되며 확대되는 경우가 대단히 많습니다. 그리고 이러한 경제 권력 주체들의 권력에 저항하는 사람들은 노동시장에서 낙오시키고 배제시키는 것을 그냥 묵인하는 사회 인식이 광범위하게 퍼져 있습니다. 미국의 정치철학자 마이클 샌델은 이런 불공정하고 정의롭지 못한 권력의 행사가 미국 내에서 '능력주의'라는 명분으로 합리화되는 것을 강하게 비판했습니다.

부당한 권력 행사가 묵인되는 데에는 국경을 넘어서는 세계적 관행이나 세계적 의식도 한몫 거들고 있습니다. 수많은 비정규직을 양산하는 대표적인 국가 중 하나가 미국이나 유럽이며 인종차별 등과 같은 각종 차별과 불공정한 행위가 법과 제도의 보호 아래 계속되는 국가도 역시 이들 나라들입니다. 그렇기 때문에 이들 나라들을 표준으로 삼고 있는 다른 나라들은 이것을 그대로 모방하거나 따릅니다. 국제적 관행이라는 아름다운 명분이 덧붙여집니다.

만유권력을 이해해야
나 자신을 바르게 지켜낼 수 있다

모든 인간 존재에는 권력이 존재합니다. 어느 누구에게도 예외가 없습니다. 하지만 그들 개인의 권력이 바른 내용과 방향을 담고 있지 않을 때 위험한 길을 자초하게 됩니다. 그것은 자신에게도 남에게도 공동체 전체에게도 독소를 퍼뜨리는 것과 같습니다. 그 독소는 폭력이 되고, 살인의 무기가 되기도 합니다. 또한 그 권력은 다른 개인들이나 집단을 죽이고 괴롭히는 데에 악용되기도 합니다. 개인의 권력이 바른 내용과 방향을 담고 있지 않다는 것은 무슨 뜻일까요? 그 권력이 사사로운 개인이나 집단의 이익을 위해 이용된다는 뜻입니다.

일본의 국가주의 정신은 날카로운 칼을 무차별적으로 주위 국가에 휘두르며 한국과 동아시아의 여러 국가에게 물리적이고 정신적인 피해를 오랫동안 안겨주었습니다. 이때에도 자기의 사사로운 이익과 혜택을 계산한 수많은 한국과 동아시아의 친일파 지식인들은 그러한 권력이 계속되고 확대되도록 도와주었습니다. 그 결과는 필연적인 붕괴였습니다. 왜일까요? 그러한 부당한 권력에 저항하는 또 다른 힘이 언제나 존재하기 때문입니다.

결국 만유권력은 우리 인간 세상과 인간의 현상적 삶이 권력을 떠나 살 수 없는 것이라는 점을 일깨워줍니다. 권력은 이익이나 혜택과 밀접하게 달라붙어 있지만 결코 같은 것은 아닙니다. 만유권력을 인정하고 이해한다는 것은, 부당한 권력을 행사하는 상대로부터 나를 보호하고 지키는 일이 되기도 합니다. 혹은 나의 이익이나 혜택만이 아니라 상대방의 이익이나 혜택을 평등하게 존중하기 위해 영향력을 행사하는 일이 될 수도 있습니다. 우리가 살고 있는 현실 세계는 권력들이 충돌하고 다양하게 작용하고 있는 운동장입니다. 이 운동장에서 제대로 뛰기 위해서는 바르고 좋은 권력과 사악하고 나쁜 권력을 분별할 줄 알아야 합니다. 그래야 나쁜 권력으로부터 우리 자신과 우리 공동체를 지켜낼 수 있습니다.

동아시아의 정치-시민운동 (2)

일본의 헌법 개정 반대 운동과 청년들의 활약

얼마 전에 지인 한 분으로부터 연락을 받았습니다. 그분은 이미 노령이신데도 정치-시민의식이 왕성합니다. 2023년이 관동대학살 100주년이 되는 해라고 합니다. 100년 전인 1923년, 상해 임시정부가 집계한 학살당안 조선인은 최소 6,000명이고 최대 1만 명에 이른다고 《독립신문》에 기록되어 있는데요. 1960년 일본 정치-시민 일부와 한국 작가가 현장을 방문하고 우리 손으로 위령(영혼을 위로하는) 시설을 건립하자는 뜻을 모았다고 합니다.

드디어 1985년 우리나라 정치-시민들이 일본 관동대지진 조선인 학살 희생자를 기리는 작은 기념 종루를 만들어 일본에 세웠는데, 한국의 보신각 모양을 닮은 종입니다. 이 기념 종루는 한국 시민들이 세운 유일한 시설이라고 해요. 그동안 이 시설이 너무 낙후되어 보수를 위해 시민 모금을 함께하자는 제안을 내가 받은 것이었어요.

나는 그 멋진 제안에 작게나마 마음을 보태면서 그들의 활동에도 경의를 보냈습니다. 그러면서 이런 질문을 해보았어요. 일본 내에서도 부당한 일에 저항하는 정치-시민들의 운동이 분명히 있었을 것이다. 그런데 우리는 이에 대해 너무 모르고 있지 않은가? 그래서 조금이라도 그들의 활동을 알아봐야겠다고 마음먹었습니다. 이번 정치-시민 되기 연습은 일본의 정치-시민 활동에 대해 살펴보려고 합니다.

일본 헌법 9조 모임

일본 정치-시민운동의 수많은 모습 중에서 특히 주목할 필요가 있는 부분은 법률 정치-시민운동의 모습입니다. 여러분이 읽어보면 좋을 만한 자료는 남휘정의 「일본 시민운동과 문학 네트워크—헌법 9조 모임을 중심으로」라는 글입니다.

일본 헌법 9조 제1항은 "국제분쟁을 해결하는 수단으로서 국가권력을 발동시키는 전쟁과 무력에 의한 위협, 혹은 무기의 이용은 영구히 폐기한다"라고 규정되어 있습니다. 또한 제2항은 "육해공군 그 외 전력의 수호 및 국가 교전권을 부정한다"고 규정되어 있지요. 일본은 제2차 세계대전 말기에 미국의 원자폭탄을 맞은 이후 평화와 반전의 정신이 담긴 헌법을 만들었습니다. 그 이후 꾸준히 전쟁이 아니라 평화를 지키려는 정신을 널리 다지는 활동이 계속되었지요.

하지만 언젠가부터 군사력을 회복하고 옛날의 제국주의적 침략과 지배를 되살리려는 움직임이 생기고 확대되었어요. 그런 분위기 속에서 2004년 일본의 일반 문학자 등을 중심으로 '헌법 9조 모임'이 발족됩니다. '헌법 9조'의 평화 정신을 지켜나가자는 것이 이 모임의 핵심 활동이었습니다. '헌법 9조 모임'은 발족 후 일본 전역으로 확대되어 약 7,500개가 넘는 지역 모임으로 발전하고 강연과 출판물, 뉴스레터를 활용하여 현재까지 이어지고 있습니다.

여러분 중에 혹시 영화를 좋아하는 사람이 있으면 일본 영화 감독 오즈 야스지로의 영화들을 보았을지 모릅니다. 매우 독특한 영상미로 일본 영화의 거장으로 꼽히는 오즈 야스지로는 제2차 세계대전 후에 일본인들의 가치관이 어떻게 바뀌어가는가를 주로 가족관계를 중심으로 다룬 영화감독이에요. 그의 영화들 대부분에는 일본이 전쟁에 지고 미국 문화가 쏟아져 들어오면서 가치관의 혼란을 겪는 일본인들의 모습이 고스란히 들어 있습니다.

이런저런 각종 사회문제를 겪게 되면서 일본인들은 정치적 부패에 대한 저항뿐 아니라 평화라든가 환경문제(경관시민운동) 등에 대한 관심도 갖게 되고, 그 표현방법도 매우 격렬하고 투쟁적인 것부터 온건하고 문화적인 것에 이르기까지 다양해집니다. 그런데 말이지요. 우리나라의 시위와 집회 문화, 언론 활동의 활발함과 일본인들의 그것은 좀 차이가 있습니다. 후쿠시마 대지진 같은 엄청난 재앙을 겪어도 일본인들은 좀처럼 감정을 바깥으로 격렬하게 표출하지 않는 편이에요. 미군 기지가 있는 오키나와 사람들이 군대 주둔과 함께 생기는 여러 문제를 항의할 때도 비슷한 분위기였고요. 하지만 차분히 들여다보면 그들의 정치-시민운동 역시 매우 체계적이고 지속적이어서 보편적 공감대를 느낄 만한 부분이 적지 않답니다.

원전 반대 시위와 청년들의 활약

일본의 정치-시민운동이 본격적으로 전환기를 맞이하게 된 시기인 1990년대 이후의 상황에 대해 남휘정은 다음과 같이 말합니다.

— 1990년대 이후 제로경제성장의 도래는 '일본형 고용' 유지를 불가능하게 만들었고 비정규직이 급속히 증가한 시기와 맞물려 있다. 우스이 토시마사(碓井敏正)는 이 시기를 "일본 사회가 개인의 고용을 책임지지 않는 시기, 그래서 자각적 시민사회가 형성되는 시기"로 보고 있

다. …… 본래 일본 사회가 대기업과 중소기업, 정규직과 비정규직의 이중구조와 격차가 존재하고, 남녀 불평등 또한 사회 구조적 문제로 파악하고 있는 것이다.[14]

2001년 미국 9.11테러와 2003년 일본 자위대의 이라크 파병 이후 헌법 9조를 제약으로 인식해서 그것을 바꾸려는 일본 극우 정치인들의 시도가 계속됩니다. 영구 평화나 전쟁 반대 등을 바꾸려 하는 것이지요. 그래서 헌법 개정 세력과 이에 반대하여 종래의 평화헌법을 계속 유지하고자 하는 세력들의 충돌이 불가피해집니다. 그러다 2011년에 일본 시민들은 대규모로 원전 반대 시위를 벌입니다. 5년 전에 끔찍한 원전 사고와 도쿄전력 측의 관리능력 부실을 겪고 나서도 원전을 다시 가동하려는 아베 정권에 대한 일본 정치-시민들의 분노가 폭발한 것이지요. 장기불황과 청년 고용의 암담함과 정규-비정규의 차별 심화 문제에 더해 이제는 기본적인 생명의 안전까지 위협받게 되었는데도 전쟁과 무력으로 또다시 옛날로 돌아가려 하는 거잖아요.

이제 일본의 청년들이 앞장서게 됩니다. 그들은 '사요나라 원

14) 남희정, 「일본 시민운동과 문학 네트워크, 〈헌법 9조 모임〉을 중심으로」, 『일본문화연구』, 제 79집, 2021, 76쪽.

전 천만인 액션'을 이끌어내는데 이 운동에는 무려 17만 명이 참가합니다. 몇 년 전에 우리는 촛불시위로 100만 명까지 모이곤 했으니 적은 인원이라고요? 아니에요. 일본 사회 전체 분위기를 생각한다면 이 숫자는 어마어마한 것입니다. 그로부터 10년이 지난 2021년 이 조직은 다시 한 번 정부 규탄대회를 대규모로 개최합니다. 일본 정부가 원전 오염수를 바다에 방류하겠다는 결정을 했기 때문입니다. 원자력 규제를 감시하는 시민 모임 등 다른 단체들도 함께했고요. 이들은 오염수 저장탱크를 늘려 육상에 계속 보관하거나 다른 대안을 찾아야 한다고 적극 주장했습니다.

원전에 반대하는 젊은 세대와 함께 '헌법 9조 모임'도 일본 총리 관저 앞에서 항의 시위를 하는데 그 방식이 좀 특이합니다. 일본은 공산당이나 사회주의 세력들의 과격한 시위 문화에 반감을 가진 사람들이 적지 않습니다. 그래서 시민들은 세련된 복장을 하고 악기 연주와 같은 방식으로 모임을 개최합니다.

하지만 평화헌법을 바꾸려는 일본 극우 정치인들의 영향력이 점점 커지고 있습니다. 2014년에는 '아름다운 일본의 헌법을 만드는 국민의 모임'이라는 명칭으로 천만인 네트워크를 조직하는 시도가 진행됩니다. 한국 여성 군위안부의 강제 연행은 없었다고 주장하는 사람이 대표를 맡았습니다. 이런 사람들은 일본 시민들에게 계속 경제나 서민생활의 안정, 그리고 자주 국방을 위해 반드시 헌법이 바뀌어야 한다고 주장합니다.

그리고 그 이듬해인 2015년, 결국 아베 정권은 평화헌법을 무력화하는 법안을 통과시키고 말았습니다. 일본 내에서만 아니라 동아시아의 수많은 사람이 일본이 다시 옛날의 군국주의 시절로 돌아갈 것을 우려하고 경고하기 시작했어요. 일본이 다시 전쟁을 일으킬 수 있는 나라가 되었고 일본의 헌법이 이것을 막지 못하게 된 것입니다. 일본의 헌법학자 166명이 안보 법안 철폐 성명을 발표했고 일본의 엄마들도 '안보 관련 법안에 반대하는 엄마 모임'을 결성하고 광범위한 서명을 받기 시작합니다.

원자폭탄과 핵전쟁의 위협으로부터 안전할 것을 주장하는 것은 일본의 정치-시민들만의 일이 아닙니다. 그런데 원전을 다시 가동하면서 권력과 이익을 누리려는 세력들이 여전히 존재하고 그들이 국민과 일반 시민을 위협과 위험으로 빠뜨리고 있는 형편입니다.

어느 경우에나 전쟁의 불가피성을 적극적으로 주장하는 사람들의 명분이 더 자극적이고 호소력이 커 보이고 현실적으로 보이며, 평화를 주장하는 사람들의 명분이 더 비현실적으로 보이는 법입니다. 생존과 자주국방을 부르짖으며 결국 자국의 이익 위주로 모든 사태가 흘러갈 경우 그 피해는 공동체 모든 성원이 치러내야 하고 그 내용이 모두에게 균등하게 좋은 것은 아닐 것입니다. 항상 그 공동체에서 가장 취약한 계층의 사람들의 희생이 컸습니다. 과연 일본의 젊은 세대가 어떤 쪽으로 흘러가게 될까요?

도덕적 결함을 이용하는 정치?
공적 가치를 실현하는 정치!

공과 사에 대한
조선 성리학자들의 정치철학

    우리가 일상적으로 느끼고 만나는 정치는 어떤 것일까요? 아침에 눈을 뜨자마자 핸드폰을 켜면 플랫폼에 잔뜩 게시된 온갖 정치 관련 뉴스들을 발견하게 되고, 잠깐 쉬는 동안에도 24시간 뉴스 방송이나 SNS 동영상 사이트, 혹은 단체 게시판이나 채팅방을 통해서도 정치 관련 뉴스들이 쏟아져 나옵니다. 하루의 일과를 마치고 잠자리에 들 때까지도 언론 방송은 상반된 관점들이 들어 있는 정치 뉴스들을 뿜어냅니다.

    온라인 뉴스매체들은 정치에서 논란이 되고 있는 문제들에 대해 전문가들을 자처하는 사람들을 모아놓고 항상 토론을 벌이고 있지요. 국회에서는 서로 삿대질하거나 고함을 치거나 충돌하면서도 어떤 법안을 처리할지 폐기할지를 놓고 투표하고, 행정 관료들이 국회의원들과 입씨름을 합니다. 서로가 서로에게 견제가 될 때도 있지만 상대방이나 국민의 뜻과는 상관없이 제멋대로 자기 입장만을 관철하는 모습도 흔하지요.

선거철이 가까워지면 정치 관련 싸움들은 점점 더 많아지고 격렬해집니다. 선거에서 투표자들의 마음과 의사결정에 영향을 미칠 수 있는 온갖 수단들이 동원됩니다. 이제 선거가 끝나고 결판이 납니다. 어떤 정치인은 당선이 되어 승리의 기쁨을 만끽하고 어떤 정치인은 낙선되어 패배의 분을 삭입니다. 그 순간들이 지나가면 또다시 긴 시간 동안 일상적으로 정치 뒷이야기들과 그에 따른 이런저런 논평들이 생산됩니다. 그러다가 서서히 조용해지고 어떤 정치적 사건과 사고들이 터지면 다시 비슷한 사람들에 의해 비슷한 정도만 떠들썩해지다가 또다시 잠잠해지지요.

이 모든 활동들의 주인공은 정치인들이고 우리 일반 시민은 구경꾼이나 관객같이 보입니다. 이번 정치 공부의 주제는 이 정치인들에 의해 진행되는 정치 활동의 핵심을 그들의 '도덕성'과 관련지어 생각해보는 것입니다.

정치인의 도덕적 자질을 비판하고 감시하는 기관들

우리가 일상생활에서 만나는 정치 중에 정치혐오나 정치무관심 증상을 부추기는 것으로 정치인의 도덕성 논란을 빼놓을 수 없습니다. 여러분의 속마음은 이럴지도 모르겠네요. '그놈이 그놈이야. 명단만 바뀌는군. 다 똑같은 도둑놈들이야. 정치인들은 구제불능이고 나는 이제 관심조차 끊고 싶다'고요. 혹은 다른 생각인가요? '정치인들이 정치만 잘하면 되지 무슨 도덕성이 필요해? 그들은 도덕 교사가 아니잖아.' 어느 쪽이든 현재 정치인들의 도덕적 수준에 만족하는 사람은 별로 없지요.

역사적으로 볼 때 도덕성을 포함해서 정치권력자들을 감시하고 비판하며 견제 기능을 하였던 제도가 정치 기관 주위에 항상 있었습니다. 조선 시대에는 왕이 정치권력을 자기 마음대로 행사하지 못하도록 제도적 견제 기능을 담당하는 여러 기관이 촘촘하게 배치되어 있었습니다. 그 기관들은 사헌부와 사간원 그리고 홍문관이었어요. 이 기관들은 오늘날의 언론과 사법기관에 해당하지요. 사헌부는 관리에 대한 감찰과 탄핵 등의 일을 담당했어요. 사간원은 왕과 국정 전반에 걸친 언론 업무를 담당했고요. 홍문관은 여러분도 잘 알고 있는 집현전의 후신으로 왕을 교육하는 경연도 개최하고, 국가의 중요 서적들을 관리하는 학술 분야 업무를 담당했습니다.

이 세 기관은 훌륭한 교육을 받은 선비들 중에서도 가장 덕망 높고 공정한 자질이 충만하다고 검증된 사람만이 종사할 수 있었고 당시 유학자들이 가장 선망하는 지위들이었습니다. 오늘날 우리에게 잘 알려진 학식 있는 유교인들은 거의 대부분 이들 세 기관에서 일한 경력을 갖고 있지요. 그래서 우리의 상식적 통념과 달리, 조선 시대는 왕이 절대권력을 누리는 것이 절대 불가능한 시대였다고 말할 수 있습니다.

물론 오늘날 대통령이 엄청난 권력을 누리는 것과는 단순 비교할 수는 없겠습니다. 하지만 잘못 돌아가는 대통령제는 오히려 예전의 군주제보다 후퇴하고 부패한 모습을 보이기 때문에 어떤 점들은 비교해볼 수도 있어요. 군주제의 왕이나 유교 신하들은 국민들에 의해 직접 선출되는 정치인이 아닙니다. 하지만 그렇다고 하여 그들이 아무런 객관적 검증 절차를 거치지 않는 것도 아닙니다. 왕과 유교 신하들이 정치권력을 독점해가며 일반 민중들 위에 군림하고 그들의 생활을 외면하며 그들을 수탈하기만 하는 것도 아니었습니다.

조선 시대 정치권력의 주체들은 나름대로 정치에서 특정한 가치를 실현하는 것을 중요하게 생각했습니다. 그 내용 중에 어떤 것들은 오늘날 현대 정치권력의 주체들이 실현하고자 하는 가치와 다르지 않습니다.

도덕적 결함을 이용하는 정치

현대 정치에서 정치인들은 모두 국민의 선택으로 선출되는 권력의 구조를 갖추고 있습니다. 모든 권력은 국민으로부터 나오는 민주공화국이라는 문구가 헌법에 실려 있지요. 하지만 국민이 자신의 의견을 내고 목소리를 내며 다양한 의사결정 과정에 참여하는 제도적 장치가 풍성하지는 않습니다. 대체로 국민들은 가끔 선거를 통해 투표에 참여할 뿐 나날의 일상에서 수없이 쏟아지는 정치 관련 이슈들에 대해 수동적으로 반응하는 위치에 있습니다. 이런 조건에서 언론이나 사법기관, 학계 출신 지식인의 역할이 막대하게 펼쳐집니다.

이들은 마치 조선 시대의 사헌부, 사간원, 홍문관의 관료들이 했던 것과 같은 공적 업무를 한다고 자임합니다. 사회적으로 발언권을 갖추었다고 인정받는 지식인들은 주로 교수나 언론인, 법조인들입니다. 이들은 언론 매체를 통해 정치인들을 견제하고 비판합니다.

그런데 바로 여기에서 심각한 문제가 생깁니다. 오늘날 사회적 여론을 이끌거나 정치인을 비판하고 견제하는 것을 자임하는 지식인 중에 자신의 힘을 특정 집단이나 조직의 이익을 위해 이용하는 사람들이 점점 많아지고 있습니다. 대표적인 사례가 바로 '도덕적 결함을 이용하는 정치' 현상입니다. 이 현상은 특히 여론과 대중을 자기 뜻대로 움직이려는 현대의 불완전한 대통령제의 권력독점 시스템에서 흔히 나타나고 있어요.

도덕적 결함을 이용하는 정치 현상은 무엇일까요? 권력 획득을 목적으로 서로 대결하고 있는 정치 집단과 세력들이 정치적 공격 행위의 초점을 '정책'이나 '실행력'에 두지 않고 그 정치인 개인이나 가족, 친인척의 '도덕적 결함'에 두는 것입니다. 정치인 자신이나 가족, 친인척들이 교육이나 재산 형성 과정에서 인맥이나 지위를 이용해서 특혜와 특권을 받았다면 형사처벌의 대상이 됩니다. 그들이 천박한 경력을 가졌거나 상식 이하의 행동을 하고 폐쇄적인 패거리 등을 조직하거나 욕설을 일상적으로 하거나 고압적이거나 사치한다면 기본적인 도덕적 자질이나 신뢰를 의심하게 됩니다. 이런 행동은 당연히 국민들에게 조롱이나 비난의 대상이 되겠지요.

그런데 그들이 상대편의 개인적 결함이나 성향을 무조건 이념적, 도덕 파탄자로 몰아가면서 무차별적으로 공격한다면 어떻게 될까요? 오늘날과 같이 온라인이 발전된 세상에서 벌어지는 사이버불링, 즉 온라인 괴롭힘과 협박 등의 공격이 이런 공격에 무조건 노출되고 허락된다면 어떻게 될까요?

낙인찍기와 편 가르기 정치의
가장 큰 피해자는 국민이다

현대 정치 상황에서 '도덕적 결함을 이용하는 정치'의 효과는 매우 큽니다. 짧은 시간에 대중들의 관심과 호기심, 분노를 일으키고 여론을 움직일 수 있기 때문입니다. 도덕적 결함에 대한 공적 분노는 공적 지위에 있는 사람이 저지르는 사회적 피해나 해악을 막기 위해 당연히 제기되어야 하는 것입니다. 공적 분노는 객관적이고 투명한 과정을 통해 공론화의 과정을 거치게 되지요. 하지만 특정한 사조직이나 사적 권력은 이 분노의 공공적 성격보다 사적 감정이나 사사로운 이해관계의 측면을 부각시킬 수 있습니다. 그리고 사적 감정이 분노와 뒤엉키면 필연적으로 다른 목적을 위한 도구로 이용당하고 변질되게 됩니다.

안타깝게도 현대의 불완전한 대통령제의 정치 상황에서는 특정 언론 기관이나 사법기관 그리고 학계에 종사하는 지식인들이 개인의 이익과 출세를 위해 이런 일에 조력자가 되기 쉬워요. 그들은 검증되지 않은 신념을 공정하고 객관적인 국민 전체의 입장을 대변하는 것처럼 포장시켜 저항감과 거부감, 분노감을 증폭시킬 수 있습니다. 특히 요즘과 같이 SNS 동영상 플랫폼에 넘쳐나는 수많은 정치꾼들은 자신의 배경을 교묘하게 감춘 채 이런 대중의 감정들을 이용하고 왜곡시키고 속이기까지 합니다.

여론조사의 예를 들어볼게요. 오늘날 여론조사는 인위적으로 제한되거나 조건화된 상태에서 양자택일을 강요하는 방식으로 설문이 제공되는 경우가 많아요. 그래서 지지합니까? 반대합니까? 그러니까 그는 빨갱이입니까? 아닙니까? 그녀는 반국가세력인가요? 아닌가요? 그는 사기꾼입니까? 아닙니까? 그녀는 자격이 있습니까? 없습니까? 그는 우리 편인가요? 아닌가요? 그녀는 옳은가요? 틀렸나요? 그는 거짓말쟁이죠? 아닌가요? 그녀는 몹쓸 정치인입니까? 아닙니까? 저들이 틀렸으니 내가 옳지요? 저들이 자격이 없으니 내가 자격이 있는 거 아닌가요? 저들의 도덕에 결함이 있다는 것은 곧 우리가 정치적으로 승리했다는 뜻이 아닌가요?

이런 이분법적 사고가 정치 상황에서는 이상하리만큼 영향력을 발휘하고 있어요. 저쪽 편 정치인의 도덕적 결함이야말로 곧바로 이쪽 편이 그것을 이용해 승리할 수 있는 기회가 됩니다. 이렇게 해서 '도덕적 결함을 이용한 정치' 현상이 오늘날 정치에서 가장 위력을 떨치게 되었습니다. 일반 국민은 저쪽 편 혹은 이쪽 편 지식인들의 입을 따라 덩달아 저항하고 덩달아 거부하며 덩달아 분노합니다. 하지만 이렇게 금방 달아오른 감정은 오래가지 못하고, 해당 목적—상대편 정치인을 쓰러뜨리는 것—을 달성하면 곧바로 폐기되거나 망각됩니다.

결과적으로 국민들은 이런 방식의 정치 참여로부터 더욱 편협한 도덕의식을 강화하거나 정치적 무관심이나 혐오를 통한 수동적이고 방관적 처지를 반복하게 됩니다.

오늘날 정치적 대결의 수단으로 이용되고 있는 이러한 '도덕적 결함을 이용하는 정치'의 가장 큰 피해자는 국민일 수밖에 없습니다. 이 현상으로 혜택을 누리는 사람들은 누구일까요? 이익을 위해 정치하는 사람들입니다. 이익을 위해 정치하는 사람들이 중요하게 생각하는 것은 정치인의 도덕성 개선이 결코 아닙니다. 도덕성 논란을 통해 권력을 확대하는 것입니다. 그리고 권력의 확대를 통해 특정 집단의 이익을 획득하거나 유지하는 것입니다. '도덕적 결함을 이용하는 정치'가 특정한 이익을 수호하는 정치인들의 무기가 되는 것입니다. 현대 정치가 끊임없이 도덕을 문제삼으면서도 가장 도덕과 무관한 정치 모습을 띠는 아이러니가 이 때문에 가능한 것이지요.

우리에게는 공적 가치를 실현하는 정치 전통이 있다

이러한 현대 정치의 아이러니는 달라질 수 있을까요? 우리는 다시 역사로부터 배울 필요가 있습니다. 우리가 갖고 있는 편견 중 조선 시대 양반 정치에 대한 부정적 편견을 잠시 내려놓아봅시다. 이러한 부정적 편견은 주로 일본 식민제국 학자들이나 조선 후기의 정치적 폐단을 비판한 실학자들에 의해 다소 과장되어 있기 때문이에요.

세종대왕 시대를 낳았던 조선의 유교 정치를 새롭게 눈여겨보면 배울 만한 점들이 적지 않습니다. 조선 후기의 폐단을 지나치게 부각해 조선 시대 정치 전체를 격하시키고 과소평가하는 것은 일본 식민지 학자들의 태도와 크게 다르지 않을 뿐 아니라 우리로 하여금 그 시대에 대한 바른 이해와 지식에 대한 의욕마저 사라지게 할 뿐입니다. 우리는 조선 초중기의 정치를 무조건 비판하지 않습니다. 오히려 오늘날 우리가 정치에 대해 생각해볼 때 의미 있는 시사점을 얻을 수 있는 시기가 그 시기입니다. 이제 이황(1502~1571)과 김창협(1651~1708)이 한결같이 강조한 '공을 실현하는 정치'가 어떤 것인지를 알아보도록 해요.

이황은 정치에서 가장 조심해야 할 것은 사심이라고 말한다

이황이 이제 막 즉위한 17세의 선조에게 정치에 대한 가르침이 담긴 글을 지어 올린 것은 68세 때였습니다. 이황이 한 말을 들어볼까요?

— '사(私, 사사로움, 사욕)'란 마음을 갉아먹는 벌레이고, 모든 악의 근본입니다. 옛날부터 나라가 잘 다스려진 날은 항상 적고 어지러운 날이 항상 많았습니다. 자신을 파멸시키고 나라를 망치게 한 것은 다 임금이 사(私)라는 한 글자를 버리지 못하였기 때문입니다. …… 그러므로 옛날의 성현은 항상 조심하고 몸가짐을 삼갔습니다. 마치 깊은 못에 다다른 것 같이 하고 얇은 얼음을 밟는 것 같이 하여 날마다 노력하고 밤마다 조심해서 …… 어긋나고 기울어짐이 없어야만 왕도가 광대하고 평평해서 준칙을 잘 지키는 이들만 모이면 모두가 준칙을 준수하게 된다고 말할 수 있습니다. 이렇게 보면 성인(聖人)이라는 경지에 이르러서도 사사로운 마음이 있을까 두려워하며 항상 조심하고 경계했습니다. 하물며 성인에 이르지 못한 사람이야 어떻게 해야 하겠습니까?[15]

이황은 정치에 관해 배울 때 처음과 끝이 되는 것은 사사로운 마음, 즉 사욕을 다스리는 것임을 거듭 강조합니다. 한 개인의 마음이 사사로운 마음에 의해 움직이게 되면, 공적 가치가 들어설 자리가 없게 됩니다. 이황은 정치가 잘 다스려진 날이 적고 혼란스러운 날이 많은 원인으로 최고 통치자인 왕이 사사로운 욕심으

15) 이황, 『퇴계의 사람 공부』, 이광호 옮김, 홍익출판사, 2019, 133~135쪽.

로 가려져 정사를 한쪽으로 치우치게 하고 편향되는 모습을 보이기 때문이라고 말하고 있습니다. 이황의 지적은 오늘날 정치가들의 모습을 볼 때 너무나도 적확하고 핵심을 찌르는 말이라고 볼 수 있어요.

지금 정치인들 곁에는 이황과 같은 인물을 거의 찾아보기 어려워요. 쩔쩔매면서 윗사람의 한마디에 꼼짝 못하는 수동적인 모습뿐 아니라 나쁜 짓과 하지 말아야 하는 말들조차 막지 못하잖아요. 이황이 강조한 것은 자기 좋을 대로 마구잡이로 정치권력을 행사하지 않기 위해 매 순간 조심하고 또 조심하는 것입니다.

사사로운 마음이 없는 자리에는 자연스럽게 공적 가치가 드러나게 됩니다. 한쪽으로 치우치거나 좋아하고 싫어함에 의해 휘둘리지 않게 되면 자연스럽게 공적 가치가 힘을 발휘하게 됩니다. 이황은 정치가 바로 사사로운 마음을 다스리는 일이라고 보았는데요. 그 말의 뜻은 정치가 바로 공적 가치를 실현하는 일이라고 말하는 것입니다.

김창협은 정치에서
지공무사가 가장 중요하다고 말한다

이번에는 김창협의 생각을 들어볼게요. 김창협의 아버지는 인현왕후를 폐위시키고 장희빈을 왕비로 앉히려는 세력들을 비판하다가 사약을 받고 죽음을 당했습니다. 아버지의 죽음 후 김창협은 정치 일선에서 물러나 학문과 교육에만 전념하기로 결심합니다. 비록 숙종이 뒤늦게 잘못을 깨닫고 김창협을 조정에 거듭 불러들이려 10여 년 동안 애썼지만 김창협은 끝내 거부합니다. 정치에 대해 숙종에게 올린 글에서 김창협이 한 말을 들어볼까요?

> 전하는…… 탐욕스러운 마음을 억제하여 실행하지 않게 하는 것이 지극한 선인 줄은 아시면서 그 뿌리가 숨어 있다가 맹아가 갑자기 싹트는 것이 엄청난 해로움으로 작용하기에 충분하다는 것은 모르십니다. …… 지공무사로 포용하고 지극히 밝은 지혜로 대하십시오. …… 모든 문제를 한결같이 옳은가의 여부와 바른가의 여부에 따라 처리하시고 혹시라도 당파적 이해관계에 따라 흔들리는 사사로운 마음을 품지 마십시오.[16]

김창협은 깊은 속마음을 겨냥합니다. 진짜 속마음부터 지공무사의 마음을 길러야 사사로운 마음이 없어지게 된다는 거예요. 김창협도 이황과 마찬가지로 당파적 이해관계에 따라 흔들리

---

16) 김창협, 『농암집』 7권, 「응지소」.

지 않는 것을 가장 핵심적인 정치 공부라고 보고 있습니다. 지공무사(至公無私)의 뜻은 공의 마음이 지극히 가득 차서 사사로움이 끼어들 여지가 없는 마음의 경지입니다. 마음의 뿌리, 속마음이 사사로운 욕심으로 가득 차 있으면서 그저 겉으로 남이 볼 때만, 명분으로만 공적 가치를 내세우는 것을 엄격히 경계하고 있는 것입니다.

정치는 이익을 실현하는 수단 활동이 아닙니다. 정치는 공적인 가치를 실현하는 활동입니다. 정치는 이익을 실현하기 위해 도덕적 결함을 이용하는 활동이 아닙니다. 정치는 공적인 가치가 실현 과정 내내 적용되어야 하는 활동입니다. 이 두 가지 활동의 차이를 잘 분별할 줄 알아야 사욕에 가득 차서 개인의 출세와 이익을 위해 도덕조차 이용하는 정치인들에 의해 조롱당하지 않을 수 있습니다. 이 두 가지 마음의 차이를 잘 파악할 줄 아는 국민이 많아질수록 현대 정치의 대표적 폐단인 '도덕적 결함을 이용하는 정치' 현상 역시 줄어들 수 있습니다. 도덕은 이용의 대상이 아니라 실현의 대상이기 때문입니다.

시민적 정치 참여의 길은 아직 가능할까?

정치의 탈도덕화와 정치-시민의 대안

이번 정치-시민 되기 연습은 지식인이라는 사람들, '공직자, 공무원, 관료, 정치인들의 활동 방식을 들여다보는 일'을 좀 더 구체적으로 파헤치는 것입니다. 나는 이것을 '먹이사슬의 폐쇄적 시스템'이라고 부를 거예요. 자연 생물 세계에만 먹이사슬이 있는 게 아니고 정치 세계에도 먹이사슬이 있다는 것을 확인해보려 합니다.

누가 보더라도 명백히 알 수 있는 정치적 비리가 발견되더라도 정작 당사자들은 처벌받지 않거나 묵인되는 경우를 우리는 너무 많이 경험합니다. 언론에서 정치적 비리를 두고 떠들썩하더라도 일정 시간이 지나면 잊히고, 또다시 비슷한 문제들이 계속됩니다. 정치인들은 언론에 나와 저마다 치열하게 상대방을 공격하고 비판합니다. 그러나 얼마 지나면 그들 자신의 이익이 걸린 문제에 대해서 금방 사이좋게 서로 합의하는 경우가 많고요.

국민을 위해 정치하겠다고 외치는 사람들은 점점 많아지는데, 정작 우리 국민은 정치에서 국민의 뜻이 제대로 반영되고 실현되고 있다는 믿음이 희미해져갑니다. 과연 현대 정치의 모습이 왜 이런 식으로 되어가고 있는 것일까요? 정치에 참여하는 사람들이나 조직들은 점점 거대해지는데 국민은 점점 더 정치로부터 소외되고 있습니다. 이것은 무슨 이유 때문일까요?

입법-사법-행정 기관 종사자들이
생계를 유지하는 방식

공무원들이나 공직자들, 관료들과 정치인들은 어떻게 생계를 유지하며 살고 있을까요? 이들은 구체적으로 무슨 일을 하는 사람들일까요? 옛날부터 공무원이나 관료의 삶 혹은 정치가로서의 삶은 일반 국민에게 선망의 대상이 되어왔습니다. 이것은 유교 사회의 전통과도 관련이 있어요. 유교 사회에서는 아무나 국가의 일을 담당할 수 없었습니다. 그들은 엄격한 검증 절차를 거쳐 발탁됩니다. 그들은 벼슬을 얻는 것이고 그들의 벼슬은 곧 일반 백성을 다스릴 수 있는 권한과 권위를 상징합니다.

물론 현대 사회에서도 공무원이나 공직자, 정치인은 일정 수준의 학력과 실력, 능력을 객관적으로 검증받는 절차를 거칩니다.

하지만 실제 우리의 생활에서는 옛날 군주제 사회의 특권의식과 민주공화국 사회의 사고방식이 어지럽게 뒤엉켜 있습니다. 분명히 정치 관련 종사자들은 일반 국민의 기본권과 생활을 보호하고 그를 위해 봉사하는 활동으로 정치 업무를 담당하는 사람들인데도 그들은 자신이 일반 국민보다 더 뛰어난 능력과 실력을 인정받아 선발되고 발탁되었다는 특권의식을 갖고 있습니다. 그리고 이렇게 발탁되고 선발된 사람들은 그들의 생계를 보장해주고 지켜줄 각종 정부 기관과 조직을 그들만의 활동의 장으로 서서히 장악해갑니다.

우선 국회를 유지하기 위해 들어가는 비용을 생각해봅시다. 입법기관의 국회의원 한 사람을 중심으로 수많은 조력자까지 국가가 경제적으로 지원합니다. 국회의원은 선거를 통해 당선되기도 하고 탈락되기도 합니다. 이들의 삶은 국민의 뜻에 의해 좌우되는 것 같지만, 사실은 국회의원을 만들어내는 정당과 그 정당이 축적해놓은 정치 활동의 구조에 달려 있는 경우가 더 많습니다. 특정한 방식의 생존 먹이사슬 구조가 형성되어 있는 것이에요. 이 먹이사슬 구조는 특정한 사람들끼리 그들만의 관계망을 고착시켜 외부인의 등장을 막아버리는 폐쇄적 조직 시스템을 가리킵니다.

행정기관을 생각해보아도 마찬가지예요. 5급 이상의 공무원들은 행정고시 같은 시험을 통과한 사람들이나 9급부터 오랜 기간 승진해온 사람들, 그리고 행정의 다양한 분야들에서 적합성을 자처하는 전문가들이 지원하고 시험을 치러 공직을 갖게 됩니다. 그리고 이들 공무원의 생계는 전적으로 국가가 평생 책임을 지게 되어 있습니다.

국가가 평생 생계를 책임져주는 직장이 있다는 것은 불안하고 위험에 노출된 현대 사회에서 매우 매력적인 대상이 아닐 수 없어요. 하지만 그들의 생계를 책임져주는 것만큼 그에 합당한 공직의 소명이 그들에게 충분히 존재하는가에 대해서는 단정하기 어려워요. 그들 중에도 역시 자신이 선발되었다는 의식, 국가의 녹을 먹고 벼슬을 한다는 선민의식만 갖고 있는 사람들이 있기 때문이지요.

사법기관은 어떨까요? 사법기관 역시 그 자체로 거대한 전문가 집단의 먹이사슬 구조를 형성하고 있습니다. 사법기관의 법관들은 행정기관인 검찰, 경찰들과 편향된 관계를 맺을 때 위험해집니다. 이런 편향성은 일제강점기 시절부터 만들어진 나쁜 전통 때문에 더 문제가 되지요. 일제강점기 동안 우리나라의 사법과 행정시스템은 일본 정부에 충성하는 사람들로 구성되어 있었습니다. 광복이 되어도 이런 시스템이 바뀌지 않고 정부에 충성하는 친일 성향의 사람들이 자리를 차지하면서 공산주의 척결, 빨갱이 타도라는 구호를 업고 독재정치 권력이나 군사정부가 오랫동안 막강한 권력을 유지할 수 있게 법적으로 방어해주었습니다.

정치인들의 먹이사슬 연결망은
한 국가 차원을 넘어선다

그런데 이렇게 입법기관이나 행정기관 그리고 사법기관 등에 종사하는 사람들은 과연 어느 곳에서 어떤 방식으로 길러지고 선발되는 것일까요? 오늘날 수많은 정치인, 즉 국민의 대표 역할을 해야 하는 사람들이 투명하고 공정한 절차를 거쳐 선발된다고 믿는 사람은 많지 않습니다. 그들은 특정한 먹이사슬 연결망에 의해 길러지고 만들어지는 경우가 많아요. 이 과정에서 국민은 외부인이자 구경꾼이 되어가고 있고요.

정치 먹이사슬 연결망은 정치계로 나갈 사람들을 특별하게 관리하고 재생산해주는 시스템을 갖고 있습니다. 표면적으로 이들은 시험을 통과하거나 국민의 검증을 거쳐야 하는 것처럼 보입니다. 하지만 어떤 검증을 거치고 어떤 시험을 통과할지 결정하는 사람들은 국민이 아닙니다. 바로 이런 특정한 먹이사슬 연결망의 사람들이 결정합니다.

오늘날의 정치가 보여주는 수많은 폐단은 한 국가의 차원을 넘어 전 세계적으로 비슷한 모습이 되고 있습니다. 한 국가의 정치 먹이사슬 연결망은 다른 국가들의 그것과 밀접하게 연결되어 있습니다. 이러한 국제적 정치 먹이사슬 연결망들은 보여주는 공통적 특징은 돈에 기반한 폐쇄성과 약육강식적 권력투쟁에 있습니다. 국제적 먹이사슬 연결망은 생계의 책임을 개별 국가에게 의존하면서도 정작 그 국가의 조직 시스템을 그들이 독점하고 의사결정을 마음대로 하기 때문에 마치 조폭처럼 그 시스템 내에서 사람들을 위계적으로 관리합니다. 그래서 이렇게 국제적 먹이사슬 연결망에 속해 있는 각 국가의 정치인들은 형식적으로는 국민 모두를 위한 정부, 국민 모두에 의한 정부를 표방하지만, 사실은 그들만을 위한 정치를 하는 것이에요.

국제적 정치 먹이사슬 연결망은
특권적 행정 권력을 만들어낸다

일반 국민이 정치에 대해 환멸을 느끼거나 소외감을 느낄수록, 그리고 정치에 대해 무기력하고 무관심할수록 이들 먹이사슬 구조의 힘은 커집니다. 그리고 이 먹이사슬 연결망에 거대 기업의 돈이 흘러 들어오고 그들만의 금권 정치가 만연해집니다. 그들은 정치인의 영향력과 경제인의 자본력에 의해 한 국가의 정치를 좌지우지하는 주인공의 지위를 차지하게 되고 일반 국민은 점차 그 영역에서 소외되거나 시혜의 대상으로 간주됩니다.

이제 정치 영역은 명분만 국민을 내세우지만 실지로는 국민을 철저히 배제하는 방식으로 진행됩니다. 그러나 정치 먹이사슬 연결망 출신의 정치인들은 국민을 그냥 내버려두지 않습니다. 그들에게 끊임없이 시혜와 지원을 베풀려고 합니다. 단 그러한 시혜와 지원은 그들이 짜놓은 절차와 형식에 따라서 선발되어야 합니다. 이것이 바로 현대 사회에서의 행정 권력의 탄생입니다.

　　현대 사회의 정치는 점점 이러한 모습을 띠어갑니다. 정치에서 국민의 소외감과 박탈감 그리고 서열과 위계에 의한 배제는 점점 심해지고 있습니다. 빈부의 격차는 단지 교육이나 경제적 불평등만을 의미하지 않습니다. 정치적 의사결정에서 배제되어 투명인간으로 살아갈 것을 감내하는 무기력이 만연해지지요. 그들만의 정치 먹이사슬 연결망 속에서 벌어지는 변화무쌍한 이슈들과 격론의 투쟁이 마치 TV 드라마의 장면들처럼 낯선 세계의 모습으로 내면화됩니다.

　　가난한 국민이 자신의 정치적 이해를 대변해주는 정당을 찍지 않고 그저 강력하고 힘이 있어 보이는 정당에 투표하는 불행한 일이 전 세계적으로 발생하고 있는 것도 이 때문입니다. 정치적 소외와 박탈감은 정치적 통찰과 식견 그리고 바른 정치적 참여의 길을 막아버립니다. 적지 않은 국민이 경험하고 있는 정치적 무기력이나 박탈감의 이면에는 현대 정치의 폐쇄적 국제 먹이사슬 연결망이 거대 경제 자본과 결탁해서 벌이고 있는 정치 놀음이 있습니다.

정치 참여,
어떻게 다시 시작할까?

한 국가의 시민들이 정치에서 자신의 주체적 권리를 다시 행사할 수 있기 위해서는 먼저 이러한 정치 연결망을 계속 재생산하면서 자신의 생계를 유지하고 있는 수많은 공직자와 공무원, 정치적 영향력을 행사하는 사람들의 모습을 매 순간 올바르게 통찰하는 것부터 시작해야겠지요.

하지만 바로 이것부터가 도대체 쉽지가 않아요. 언론에 노출된 정치적 이슈들부터가 매우 단편적이거나 선정적이어서 그 이면의 배경까지 아우르는 객관적이고 올바른 식견을 금방 갖기가 어렵기 때문이에요. 설사 우리가 정치 먹이사슬 연결망의 존재를 어렴풋하게나마 알고 그 연결망에 거대한 경제 자본이 스며 들어가서 권력과 자본의 독점적인 권력남용을 파악하기 시작해도 우리 자신의 생각과 주장, 한 국가의 시민으로서의 입장을 효과적으로 표현하고 반영하는 길, 즉 효과적인 정치 참여의 길 자체가 매우 제한되어 있기 때문이에요.

집회나 시위에 참석하는 일, 지지나 반대 서명을 하는 일, 포스트잇을 다는 일, 온라인으로 입장을 표현하는 일, 각종 청원서에 서명하는 일, 성명문 발표에 동참하는 일 등은 그동안 우리가 지속적으로 해왔던 방식이지요. 국회의원 투표나 대통령 투표에 빠지지 않는 것은 당연하고요. 하지만 이제 이것만으로는 충분하지 않습니다. 물론 우리 자신이 특정 커뮤니티에 소속되어 정치적 영향력을 미치려는 행동에 함께 나설 수도 있지요. 하지만 정치적 입장을 강하게 표명하는 커뮤니티들이 모두 바른 정치적 통찰과 깊이를 갖고 있다고 보기도 어렵습니다.

쉴러의 정치 참여 방식, 사페레 아우데

쉴러는 칸트와 계몽주의의 영향을 받아 고대 로마 시인 호라티우스의 말인 '사페레 아우데(Sapere Aude)'의 정신을 자신의 삶에서 충실히 이행하고자 하였습니다. 사페레 아우데는 감히 너 자신의 이성을 사용하기를 두려워 말라, 감히 지혜로워질 용기를 가져라 등의 뜻으로 번역할 수 있습니다. 쉴러는 자신의 작품 속에서 수없이 자행되는 정치적 폐단들에 대해 용기 있게 저항하고 용기 있게 발언하는 주인공들의 모습과 그에 따른 시련 등을 다루었습니다. 사페레 아우데는 우리가 정치적 통찰을 할 때 응원을 해주는 기본 태도와 같습니다.

일체의 정치적 현실에서 빚어지는 모습들을 나날이 조금씩 입체적으로 판단할 줄 아는 힘부터 키워야 합니다. 우리 자신부터 사페레 아우데의 정신을 발휘하는 것부터 시작해야 합니다. 정치적, 공적 업무가 왜 그토록 수많은 사람에 의해 수많은 방식으로 폐단을 재생산하는 폐쇄적 먹이사슬 구조로 굳어지고 있는 것일까요? 왜 정치인들은 언론에 나와 정치적 올바름이나 공명정대한 내용을 조심스럽게 실현하는 겸손한 실천가로서가 아니라 저마다 자신을 따르는 이익집단들의 보스와 같은 모습이 되어가는 것일까요? 왜 정치는 국민 전체를 정규 직원과 비정규 직원으로 가르는 불평등의 구조를 옹호하는 집단 쪽의 이익을 대변하는 것일까요? 왜 정치는 특정한 사람들의 말잔치와 특정한 조직의 특권적 놀음처럼 되어가는 것일까요? 이런 질문들에 대해 가능한 한 구체적으로 대답해보는 것부터 시작해야 합니다.

정치적 양극화 부추김에서 빠져나오기

정치적 먹이사슬 연결망과 거대 경제 자본에 의한 정치의 독과점이 심각해지고 있는 현대 사회에서 국민의 정치적 참여와 정치적 실천이 자칫 양극단에 치우친 모습으로 나타날 수 있다고 앞에서 말했지요? 누군가는 그러한 양극단의 모습을 또다시 기존의 프레임을 씌워 극우와 극좌로 표현할 수도 있습니다. 하지만 이것은 이제 낡은 프레임일 뿐입니다. 현대 사회에서 정치적 견해와 그 견해에 따른 실천적 참여의 모습은 그 자체로 다양한 스펙트럼으로 나타날 수 있으며 우리는 이것을 섣불리 낙인찍으면 안 됩니다. 오히려 이런 행위는 정치 먹이사슬 연결망과 경제 거대자본 간의 결속을 더욱 강하게 할 뿐입니다.

정치 먹이사슬 연결망이나 거대 경제자본이 갖고 있는 폐쇄성과 특권의식은 그들로 하여금 국민에 대한 책임과 두려움으로부터 멀어지게 하고 있습니다. 그렇기 때문에 다양한 방식의 일상적인 정치적 실천이 다시 시작되어야 합니다. 지속적이고 일상적인 정치적 실천이야말로 현실을 좋게 바꿀 수 있습니다. 이를 위해서는 일상적 삶의 현장에서 매우 긴장하고 조심해야 하며 적지 않은 일상적 전투를 각오해야 할지 모릅니다. 삶의 현장을 정치적 관점으로 재해석하고 사소하다고 외면하지 않는 것부터 시작하는 것이지요.

비행기가 높은 곳에서 긴 비행시간을 지속하기 위해 땅에서 이륙할 때 아주 오랜 시간 동안 천천히 움직이기 시작하는 것처럼 말이에요. 운동선수나 연주자가 1시간 정도의 경기나 공연을 치르기 위해 일상적으로 수많은 시간 동안 연습에 매진하는 것처럼 말이지요. 정치적 참여는 일상에서의 정치적 맷집 연습에서 시작됩니다.

일상에서
정치적 맷집 기르기

사회생활을 시작하고 그 사회집단의 정치적 권력관계를 알아차리게 될 무렵이 되면 우리는 자신의 목소리를 내는 일을 두고 내적 갈등에 직면할 때가 있습니다. 부당한 일을 겪어도 어떤 종교적 수행자들은 그것이 '자신의 종교적 수행 능력을 단련하기 위한 시련'으로 간주하고 무엇보다 개인적으로 극복하기 위해 노력하라고 조언합니다. 그래서 이러한 개인적 해결 방식에 익숙해지면 점차 한 사회집단 내에서 부당한 일이 계속 조직적으로 반복되어도 좀처럼 이의 제기를 하지 않으려는 경향이 생깁니다. 너무 쉽게 용서하거나 너무 쉽게 넘어가는 일이 생기는 거예요.

그런데 이렇게 조직의 부당한 관행을 묵인하는 일은 단지 종교적 동기에서만 비롯되는 것은 아닙니다. 정치적 권력관계를 살펴보고 추가적인 피해로부터 자신을 보호하기 위한 정치적 동기 때문이기도 합니다. 정치가들에 의해 수없이 오랜 세월 동안 독재정치의 시기를 겪어온 우리에게는 이렇게 학습된 정치적 무관심의 태도가 깊숙이 박혀 있었습니다. 사회 분위기 전반이 이렇게 학습된 정치적 무력감이 지배적일 때는 정치적 발언을 하고 자신의 목소리를 내며 정치적 부당성에 시정을 요구하는 사람은 흔히 소영웅주의나 개인적 콤플렉스에 의한 분노의 발산, 오지랖 등으로 폄훼되고 고립되기도 합니다.

하지만 학습된 정치적 무관심은 정치 먹이사슬 연결망과 경제 자본의 결탁을 더욱 확대시킵니다. 정치적 부패나 경제적 부패가 아무런 제지를 받지 않고 계속되면 반드시 그 주위에서 사적 이익을 얻는 사람들이 많아집니다. 권력을 추종해서 이익을 얻는 사람들과 권력에 저항해서 피해를 입는 사람들로 양극화되면 결과적으로 상황은 더 악화될 뿐이지 근본적으로 나아지는 것은 없습니다. 일상적 상황에서 정치적인 감각을 기르고 작은 규모에서나마 정치적 맷집 연습을 해야 합니다.

정치는
누구의 목소리를
드러내는가?

정치적 목소리를 키우는 사람들,
정치적 목소리가 억눌리는 사람들

오늘날 정치적 목소리를 내는 일은, 긍정적이든 부정적이든, 그 어느 때보다 활발해지고 있습니다. 국민 청원에 참여하는 사람들도 많아지고 있으며 개인 SNS나 유튜브 채널을 통해 자신의 정치적 태도나 의견을 무수히 쏟아내는 시대가 되었지요. 방송이나 언론을 통해 자신의 정치적 입장을 밝히고 다른 사람들의 동참을 요청하며 구독자 수를 늘리거나 조직적 활동이나 모임을 통해 정치적 목소리를 내는 일이 가능해지고 있는 것입니다.

그런데 이러한 모습은 불과 수십 년 전의 정치적 상황과 비교해보면 매우 달라진 모습이에요. 나는 얼마 전 남산 예장공원을 산책했는데요. 그곳은 일제강점기 시절부터 정치권력에 복종하지 않는 사람들을 잡아와서 잔인하고 반인권적인 고문과 수사를 하던 끔찍한 장소를 기억하기 위해 만든 공간입니다.

남산 예장공원은 인권 탄압과 고문, 빨갱이 낙인찍기 행위와 공산당 척결 분위기 등을 회고할 수 있는 고문 현장을 그대로 보존하고 있었어요. 그 공간을 보면서 여러 가지 슬픈 감정이 들어 가슴이 먹먹해졌습니다. 그리고 기성세대나 그 부모 세대가 온몸으로 겪어내며 살았던 우리나라의 역사적 슬픔이 한꺼번에 다시 밀려왔지요.

정치 영역에 진출한
두 종류의 사람들

'서울의 봄'이었던 1980년대 초에는 대학에 사복 차림의 경찰들과 깡패들이 술을 먹은 채로 대학생들을 잡아가고 고문하며 괴롭히던 시대였습니다. 그때 목숨을 잃었던 젊은이 중에는 정치에 대해 잘 모르면서도 순수한 정의감으로 집회나 시위에 참여했던 사람들도 적지 않았지요. 오늘날 우리는 이들 세대를 모두 '민주화운동' 세대라고 부르기도 합니다. 일제강점기 일본에 저항했던 사람들을 모두 '독립운동' 세대라고 부르는 것과 마찬가지입니다. 이들 중 일부는 정치권에 들어가 국회의원도 되고 대통령도 되고 관료 기관이나 사법기관 그리고 행정기관에 들어가 자신이 민주화운동 시대를 대변하는 사람이라고 자처합니다.

하지만 이들만 정치권에 진출한 것은 아니에요. 그 반대쪽에 있는 사람들, 즉 일본을 도와 자신의 출세를 도모했던 사람들이 훨씬 더 많이 정치 영역에 진출했습니다. 그들은 노골적으로 일본과 미국을 옹호하고 중국이나 북한을 적으로 대하면서 반공의식을 정치에서 가장 큰 무기로 삼았습니다. 일본이나 미국은 그들의 말을 잘 듣는 사람들을 당연히 더 좋아했을 거예요.

일제강점기 때는 독립운동파와 친일파로 나뉘던 두 부류의 사람들이 광복 이후에는 반독재 민주화운동 세대와 친독재 친미일 반공주의 세대로 또다시 선명하게 갈라집니다. 이 두 부류의 사람들은 정치 영역에 진출해서 자신의 목소리를 드러내는데요. 사실 얼마 전까지만 해도 경쟁의 상대가 되지 않을 정도로 한쪽의 힘과 영향력이 엄청 강했습니다. 어느 쪽이 강했냐고요? 친독재 친미일 반공주의 세대 쪽입니다. 광복 직후에 이들은 엄청난 규모의 정치적, 경제적 혜택들을 미국 군사정부로부터 받았기 때문이에요. 경쟁이 되지 않을 만큼 출발선이 달랐던 겁니다. 그래서 어떤 사람은 슬픔을 억누르고 이렇게 탄식하기도 했어요. 우리나라는 이런 사람들이 모여 만든 나라라고요.

하지만 과연 그럴까요? 다른 쪽의 목소리, 즉 독립운동파나 반독재 민주화운동 세대의 목소리도 꾸준히 계속되었고 그들 중에서는 정치 영역으로 들어가 '나름 열심히' 활동한 사람들도 있습니다. 그런데 말이지요. 어떤 방향으로 열심히 하는 것에 대해 때로는 잠시 멈추고 생각해볼 필요가 있어요. 우리가 자신의 삶을 되돌아보면서 그렇게 하듯이 말입니다. 그때에 나는 무엇을 중요하게 생각했던 것일까? 그때에 나는 왜 그런 결정을 하고 싶어 했을까? 그리고 그때에는 잘 몰랐던 것들을 뒤늦게야 깨닫게 되지요.

정치도 마찬가지입니다. 일본 식민지 체제로 종속되는 것을 옹호했던 한국인들은 그들 자신이 무슨 짓을 역사에 저지르는지 제대로 깨닫지 못한 어리석은 사람들이었습니다. 그리고 그들의 어리석음이 그 개인 한 사람의 삶에 그치지 않고 한 국가 공동체를 망가뜨리게 했고요. 광복 이후에도 수많은 야심가 정치에 뛰어들었고 그들 또한 자신의 신념과 행동이 어떤 역사적 슬픔을 초래하는지 충분히 깨닫지 못한 채 일을 저질렀습니다.

정치 현실에 대한
젊은 세대의 반감이 커지고 있다

요즈음 젊은 세대에게 정치는 또 다른 이유 때문에 반감과 배신감의 대상이 되고 있습니다. 정치가 젊은 세대의 목소리를 전혀 반영하지 않은 채 굴러가는 이상한 일이 생기고 있기 때문입니다. 수없이 화려한 정치적 메시지들은 쏟아지지만, 수없이 절박한 정치적 구호들은 차고 넘치지만, 수없이 시끄러운 논쟁들이 연일 언론이나 방송, SNS를 통해 벌어지지만 정작 나의 삶, 내 주위의 삶은 점점 소외되거나 침묵의 늪 속으로 빠져드는 듯합니다. 과연 정치는 누구의 목소리를 드러내는 일이기에 이러한 괴리가 빚어지는 것일까요?

이번에는 정치적 목소리가 누구에 의해 어떤 경로를 통해 드러나는지, 그 목소리는 어떻게 변화되어가는지 역사적 사례를 통해 살펴보려고 합니다. 어쩌면 이 사례가 현재 일부 소수에 의해 독점되고 있는 정치적 목소리 내기의 장을 실질적으로 바꿔낼 수 있는 실마리가 될 수 있을지 모릅니다. 이 세상에서 삶을 살아가고 있는 어느 누구도 정치적 목소리를 내는 일에서 소외되거나 배제되는 일이 있어서는 안 되기 때문입니다. 그러기 위해서는 일단 잘 관찰하고 이해하는 일이 필요합니다.

정치는 특정한 사람들이나 집단, 조직의 목소리를 더 크게 드러내기도 하고 더 배제하기도 합니다. 그래서 목소리가 큰 집단이나 조직이 정치적 권력을 독점하게 됩니다. 하지만 이러한 정치적 독점은 오래가지 못합니다. 권력투쟁이나 정치적 실천 활동이 계속 벌어지고 있기 때문입니다. 권력투쟁이나 정치적 실천 활동을 좀 더 유리한 위치에서 할 수 있는 사람들이 있는가 하면, 이 무대에 한 번도 제대로 서보지 못하는 사람들이 있습니다. 그런데 시간이 흘러도 이러한 무대에 오르는 사람들의 시스템이나 경로가 원활하지 못하고 막혀 있으면 결국 사회적 위기 상황이 벌어집니다. 그래서 대규모의 정치적 변화가 또 일어나게 되지요.

정치적 삶은 우리 모두에게 매우 중요한데도 우리는 이러한 삶이 움직여지는 원리에 대해 잘 모르는 경우가 많지요. 왜냐하면 그 원리를 명확하게 밝히고 배우는 일 자체가 노력과 힘을 필요로 하는 정치적 실천 활동이기 때문입니다. 그래서 이번에는 역사적 사례 한 가지를 끌어와서 이 원리를 약간 탐구해볼까 합니다.

정도전은 불교의 정치적 목소리를 약화시키려 했다

조선이 고려 사회를 멸망시키고 새로운 사회질서와 정치이념 그리고 제도를 만들어가면서 신선한 바람을 일으키던 초기에 우리는 세종대왕이나 집현전의 청렴결백한 유학자들을 떠올립니다. 하지만 우리가 알고 있는 조선 못지않게 고려도 팔만대장경을 만들며 나라를 지키고 고려청자를 빚어내며 예술적 기량을 떨쳤던 사회가 아니던가요? 고려 사회는 왜 멸망했고 조선 사회는 왜 신선하게 사람들에게 각인되었을까요? 조선 초기 유교 정치가 정도전은 고려 사회에서 막강한 사회정치적 영향력을 행사하고 있던 불교를 공격하지 않고는 새로운 사회의 바람을 일으킬 수 없다는 것을 잘 알고 있었습니다. 정도전은 불교가 정치적 힘을 갖고 있고 그들의 목소리가 정치에서 크다는 것을 알았던 것이지요.

지금 우리는 불교 사찰이 경치 좋은 산속에 위치해 있고, 현실 정치와는 다소 거리를 두고 있는 종교로 생각합니다. 하지만 고려 사회에서 절은 도시의 한복판에 있었습니다. 절은 단지 종교 기관 이상이었습니다. 마치 해방 이후 한국 사회에서 교회가 막강한 사회적 영향력을 행사한 것과도 비슷합니다.

고려 사회의 절들은 국가로부터 땅을 선물로 받거나 스스로 땅을 넓혀서 그 땅을 농민들로 하여금 농사짓게 했습니다. 그래서 고려 사회의 절들은 오늘날의 대기업과 같이 부유했습니다. 그들은 토지의 주인, 즉 지주이기도 했지요. 그러나 지주로서 나쁜 착취만 하는 것이 아니라 가난한 사람들에게 베풀기도 하였습니다. 마치 오늘날 대기업이 사회복지 활동을 하는 것과 같습니다. 그러나 무신들이 정치권력을 잡은 고려 후기에 이르면 불교는 적지 않은 폐단을 보이게 됩니다. 무신 권력자들은 명망 있고 학식 있는 불교인들을 내쫓고 선불교 중 자신들에게 충성하는 일부 불교인들을 가까이했어요.

유학자들이 보기에 무신들과 일부 친 무신파 불교인의 협력으로 독점된 고려 말의 정치 상황은 매우 문제가 많았습니다. 그래서 고려가 멸망하고 조선이 세워졌다는 것은 이들 유교인들의 목소리가 정치에서 커졌다는 것을 의미합니다. 조선 초기 대표적인 유교 정치가 정도전이 불교를 유독 강도 높게 공격한 것은 이 때문이지요. 상대의 정치적 힘을 공격한다는 것은 곧 자신의 정치적 목소리를 드러낸다는 것을 의미합니다. 정도전이 불교를 공격한 것은 단지 종교 비판 이상의 의미를 가집니다. 그것은 불교가 더 이상 정치적 영향력을 행사하지 못하도록 하려는 시도였어요.

하지만 불교의 입장에서 볼 때 정도전의 비판은 정당하지 않은 공격이었습니다. 그래서 적지 않은 불교인이 강하게 반격하였습니다. 이들은 이론적으로 정도전의 정치적 공격이 편협하다는 사실을 지적하면서 논박하기도 했고 실천적으로 불교가 사회정치적 악습과 폐단의 주인공이 아니라는 것을 증명하기도 했습니다. 유교인들과 함께 사회정치 활동에 적극 나서기도 하였지요. 우리는 서산대사나 사명대사 등이 직접 군대를 조직하여 일본과 싸우기도 했다는 것을 역사 공부를 통해 잘 알고 있습니다.

불교의 이런 반격에도 불구하고 불교인들의 폐단을 비판하는 유교인들의 태도는 그들이 정치에서 자신의 목소리를 잃지 않고 계속 드러내도록 하는 발판이 되었습니다. 정도전은 유교 정치인들의 대표로서 불교 중심의 사회를 유교 중심의 사회 시스템으로 바꾸기 위해 각종 제도나 법률의 정비 못지않게 당시 사람들의 마음과 삶 속에 강하게 영향을 미치던 불교에 대해 의문을 제기하고 그 역할을 축소하거나 제한하려고 하였습니다. 정치적 힘은 제도나 법률 이전에 사람들의 마음과 삶 속에 영향을 미치는 일로부터 시작되기 때문입니다.

권근은 불교와
유교의 공존을 모색했다

그런가 하면 정도전과 달리 유교 학자로서의 삶을 충실히 살았던 권근이라는 유교인이 있었습니다. 권근의 집안은 독실한 불교 집안이었습니다. 오늘날 교육에 관심이 많은 부모가 조심스럽게 교육기관을 선택하여 자신의 자식들을 가르치려 하듯이, 권근은 자신의 자식들이 어려서부터 유명한 스님들의 가르침을 받도록 절에 보내 수년 동안 공부하게 했습니다. 서양의 유명한 수도원과 마찬가지로 절은 수많은 도서와 훌륭한 책들을 갖고 있는 최고의 교육기관이기도 했지요.

그러나 권근은 조선의 건국과 유교의 가르침에 의해 사회가 새롭게 변화되고 정착되기를 바라는 유교 지식인이었습니다. 그래서 자신이 죽었을 때 장례를 불교식으로 지내지 말고 유교식으로 지내라고 자식들에게 유언했습니다. 권근은 유교 사회 규범이 새롭게 정착되도록 하기 위해 각종 상장례를 정리한 '권근가례'를 만들기도 했지요. 권근이 정도전과 힘을 합해 조선 사회에 유교인들과 유교 중심 가치를 정착하기 위해 노력했지만 정치가 정도전은 권근을 한때 탄핵하기도 합니다.

권근은 정치가 정도전을 도와 그의 주장에 힘을 실어주고 불교적 장례를 거부하기까지 했지만, 각종 불교 서적에 추천의 글을 써주기도 하였던 것을 보면 불교에 대해 무조건 거부하거나 부정할 수 없다는 것을 학자로서 통찰했던 것을 알 수 있습니다. 권근은 정도전과는 다른 방식으로 정치 무대에서 자신의 목소리를 냈습니다. 그는 유교의 가치를 강조했지만 불교의 가치를 무조건 배격하지 않았습니다. 유학자 권근의 책 중 그림이 있는 『입학도설』에 수록된 성리학의 세계관과 가르침은 불교의 세계관과 가르침과 회통되는 면이 있습니다.

사이비 정치인의 목소리에
휘둘리지 않아야 한다

정치는 특정한 가치관과 세계관을 내세워 그 사회 사람들의 마음과 삶에 영향을 미치려는 활동입니다. 그래서 특정 사람들에 의해 대표되는 특정 가치관과 세계관, 정치적 이념이 표방되고 그것이 사람들에게 영향력을 행사하는 한 정치적 힘을 갖게 됩니다. 우리나라가 독립운동파와 친일파로 나뉘어 목소리를 높이고, 반독재 민주화운동 세대와 친 외국 독재 세대가 각각 목소리를 드높인 것을 생각해보세요.

하지만 상대방에게 공격당하거나 배척당한 이념이나 세계관 그리고 삶의 방식이 무조건 잘못되었다고 단정하는 것은 위험한 태도입니다. 이는 극단주의적 태도입니다. 극단주의적 태도는 상대방과 대화나 협상 자체를 거부합니다. 내 뜻대로 하기만 하고 내 뜻대로 정치 세력을 강화하는 데만 몰두합니다. 이들의 폐해는 한 개인에 국한되지 않고 나라 전체에 해로운 독소를 퍼뜨립니다. 독일의 히틀러 세력 같은 극우 포퓰리즘 파시스트 세력이 바로 극단주의 세력의 대표입니다. 그들은 대중의 약점과 무지를 이용해서 정치적 힘을 키워간 것입니다.

어떤 신념이나 구호를 그 자체로 숭배해서 현실은 뒷전으로 놓고 그 구호에 쏠리는 것은 위험합니다. 자유를 부르짖는 어떤 정치인이 있다고 해봅시다. 그는 자기 멋대로 이런저런 행동에 대해 자유를 침해하는 행위라고 낙인찍을 수 있는데 일반 지지자들은 그런 방식의 위험을 깨닫지 못하고 무조건 자유는 추구해야 하는 것이고 지켜야 하는 것이니까 그를 따릅니다. 바로 이런 정치적 목소리가 사기꾼의 속임수와 같은 목소리입니다.

정치 무대에서는 항상 특정한 목소리를 내는 사람들이 있습니다. 그들의 목소리에는 언제나 그들이 새롭게 내세우는 것들과 그들이 비판적으로 부정하는 것들이 함께 들어 있습니다. 그들의 목소리에 들어 있는 이 두 가지가 가능한 한 선명하고 뚜렷하게 드러날수록 사람들은 정치적 판단을 하고 정치적 행동에 나서고 신념을 새롭게 하려는 의지를 가지게 되지요.

하지만 정치적 목소리를 들을 때는 그들이 부정하고 배격하는 것이 전적으로 틀리거나 나쁜 것이 아닐 수도 있으며 그들이 긍정하고 옹호하는 것이 전적으로 옳거나 선한 것이 아닐 수도 있다는 점을 알아야 합니다. 왜냐하면 정치적 목소리는 그 목소리를 냄으로써 자신들의 정치적 영향력을 강화하려는 사람들과 동떨어져 존재하는 것이 아니기 때문입니다. 우리는 조선의 유교인들이 불교를 비판하거나 공격 또는 배척하는 과정에서 정치적 영향력을 획득할 수 있었다는 것을 알아보았습니다. 하지만 그들의 정치적 목소리와는 달리 실제 현실의 삶에서 불교와 유교가 그토록 대립적이지만은 않았다는 사실을 확인하게 됩니다. 우리의 실제적 삶의 모습을 잘 이해하는 안목을 갖출수록 우리가 정치를 보는 안목 또한 조금은 나아질 수 있습니다.

정치 무대에서 목소리를 내는 일은 매우 중요합니다. 하지만 어떤 경우에도 정치적 목소리에 의해 우리 삶이 전적으로 달라지지 않는다는 것도 명심할 필요가 있습니다. 정치적 목소리를 내는 일은 우리 삶에서 나타나는 온갖 복잡한 폐단들을 바로잡고 더 나은 방향으로 나아가기 위해 반드시 필요합니다. 하지만 그에 못지않게 정치적 목소리를 내는 사람들, 정치적 목소리에 담겨 있는 내용의 양면성도 객관적으로 파악할 줄 알아야 쉽사리 휘둘리지 않습니다.

정치-시민 되기 연습 7

우리는 진정 어떤 '국제 관계'를 원할까?

강대국의 전쟁 부추김 속에서 정치-시민의 주도권 지키기

이번 정치-시민 되기 연습 주제는 국제 관계입니다. 나는 가끔 일제강점기의 삶과 요즈음 상황을 비교해서 상상해보곤 합니다. 왜냐고요? 불편한 진실 같지만, 일제강점기라고 해도 아마 요즈음 분위기와 크게 다르지 않을 것 같다는 느낌이 들기 때문이에요. 일제강점기 시절은 한쪽에서는 고통스러운 아우성과 국제적 주권 침탈 행위가 야금야금 진행되는데도, 일반인들은 제대로 알지 못해서 그냥저냥 자신의 일상에만 골몰하는 상황이 만연했습니다. 그런데 일본의 허가를 받은 언론들은 사실을 축소하거나 왜곡하든지, 아예 뉴스로 보도하지 않거나 해서 중요한 위기 상황들이 제대로 전달되지 못하는 상황이 만연했습니다. 어쩌면 지금도 비슷하지 않나 하는 의심이 들기까지 해요.

얼마 전, 윤봉길 의사를 두고 한국의 민족지를 자처하는 한 일간지가 폭력범으로 몰고, 그 배후에는 분명히 러시아 사회주의 공산주의자들의 조종이 있었을 것이라고 신문 기사에 썼던 것을 보았을 때, 또 그 언론이 누구보다 앞장서서 일본의 국기를 신문 머리에 선명한 붉은색으로 인쇄했던 것을 보았을 때, 스산한 느낌이 들었습니다. 심지어 지금은 익선동으로 젊은이들의 사랑을 받는 종로3가 언저리에 일본 식민주의자들과 조선의 식민 관료들이 드나들던 고급 요정들이 있었던 흔적을 발견했을 때도 뭔가 섬뜩한 느낌이 들었고요.

세계 여기저기에서 전쟁과 시민 학살 범죄가 연이어 저질러지고 있습니다. 그래서 광복 이후 벌어진 한국전쟁 생각도 납니다. 한국전쟁 바로 한 해 전까지 제주도에서 군인들에 의해 민간인 마을이 통째로 학살당한 제노사이드를 추모하는 4.3 기념공원도 이제야 세워졌다고 하지요? 우크라이나를 탈출한 난민이 500만 명이 넘는다고 하고요. 이스라엘이 팔레스타인을 학살하는 전쟁범죄도 계속 진행 중입니다. 그동안 중립국을 표방했던 유럽 각국이 어느 한쪽 편으로 강하게 쏠려가고 무력을 공공연히 표방하고 무기들을 거래합니다. 전쟁을 둘러싸고도 치열한 정치 세력들 간에 특권과 특혜, 지원 등이 이루어지지만 정작 전쟁 피해 국민의 삶은 더 위험해지는 안타까운 일들이 벌어지고 있습니다.

용산 전쟁기념관에서

생긴 질문

내가 전쟁기념관에서 새롭게 든 생각 중 가장 큰 것은 '이미 한국전쟁은 제3차 세계대전 규모였구나'라는 것이었어요. 미국과 소련(지금의 러시아보다 더 큰 규모였던 소비에트연방공화국) 그리고 중국과 일본, 유럽과 인도 등 세계의 많은 나라들이 한국전쟁에 직간접으로 참여했습니다. 전쟁기념관에는 당시 인도 수상이던 네루가 한국에 보낸 인도 군인들의 의료지원 모습이 전시되어 있기도 했고 각 나라의 군복들도 있었습니다. 연합군의 주검 수만 명이 나열되어 있고, 한국군의 주검은 훨씬 많이 나열되어 있었습니다. 그런데 수많은 주검도 관심의 정도에 따라 느낌이 다른 법입니다. 한국전쟁은 무엇보다 한국에서 무자비하게 치러진 강대국들의 힘겨루기 전쟁과 직결되었습니다. 그래서 연합군의 주검이 아름답게 추모되어 있습니다.

하지만 우리나라 사람들은? 여러분은 한국전쟁에서 한국인이 몇 명이나 죽었는지 아나요? 무려 150만 명입니다. 1983년 이산가족을 찾는 방송이 있었는데요. 그야말로 전국적으로 엄청난 사람들이 가족을 찾으려고 필사적으로 애를 썼습니다. 영화 〈국제시장〉에서 이 장면을 인상적으로 그려냈지요. 하지만 아직도 우리는 전쟁의 실상, 특히 같은 한국 사람들이 서로 적군이 되어 무차별적으로 죽이고 죽고, 같은 한국 사람인 군인이 민간인을 빨갱이로 몰아 무자비하게 학살한 것을 미국 군사정부가 묵인한 것을 잘 모르고 있습니다.

사실 제주 4.3 민간인 학살 사건은 미군의 허락하에 진행되었다는 사실도 70여 년이 지난 최근에야 일반 국민에게 알려지기 시작했잖아요. 얼마 전 미군이 한국 영토를 무차별적으로 공격하는 참혹한 이야기가 한국 여성 감독에 의해 〈초토화 작전〉이라는 다큐멘터리 영화로 만들어지기도 했어요. 그리고 한국전쟁 직후 명동 예술가들의 삶을 그린 EBS 드라마 시리즈 〈명동백작〉을 보면 우리가 알고 있는 화가 이중섭이나 시인 김수영, 박인환 등의 예술가들이 어떻게 이 끔찍한 전쟁을 감내하며 살았는지 알 수 있기도 하지요.

무력으로 전쟁을 계속 일으켜
권력을 키우려는 정치 세력이 있다

세계 모든 나라는 자기 나라에서 전쟁이 발생하는 것을 극도로 경계합니다. 하지만 강대국은 자국이 아닌 다른 나라에서 끊임없이 크고 작은 전쟁들을 일으켜왔습니다. 우리가 역사를 배울 때 갖게 되는 트라우마 같은 것이 이런 강대국 사이에서 피해를 입는 지정학적 위치를 가진 우리나라의 모습이잖아요. 우리가 힘이 없고 약해서 항상 주변 강대국에게 당해왔다는 식입니다. 하지만 이제 이런 피해자 트라우마에서 벗어날 필요가 있습니다.

예전과 달리 현대의 국제 관계에서는 누군가에 의해 전쟁이 발발되기 위해서는 단순히 힘의 논리 이상으로 각종 국제법이나 합당한 명분들이 요구됩니다. 그리고 현대의 강대국들은 단지 군사력만으로 대치하지 않습니다. 무엇보다 경제력이나 문화외교적 정당성 싸움을 더 치열하게 벌입니다. 그래서 그 어느 때보다 우리나라와 북한이 있는 한반도에서 벌어지는 강대국들 간의 전략적 수 싸움이나 남북 간의 대치, 북한과 미국의 전쟁 종식 문제, 일본의 군사력 강화와 아시아에서의 패권을 확보하려는 움직임 등은 계속 조정될 것입니다.

그런데 우리나라를 포함해서 우리 주변 나라들의 정치인들이 국제 정세를 어떻게 이해하고 어떤 방식으로 전개시키려는지, 어떤 의지가 있는가에 따라 그 관계 방식은 안전할 수도, 급작스럽게 위험한 상황에 빠질 수도 있습니다. 무엇보다 지금 우리 한반도는 전쟁이 완전히 끝난 상태가 아니라 잠시 쉬고 있는 상태, 즉 휴전 상태이기 때문에 이러한 위험은 더 크다고 할 수 있어요.

지금 가장 큰 위협이 되는 정치 세력이 있는데요. 군국주의나 반공주의로 무장한 사람들입니다. 이들은 무력의 힘으로 상대방을 정복하려는 야심을 갖고 있어요. 이들 정치 세력이 추구하는 것은 자신의 지배력을 확대하는 것입니다. 빨갱이를 쳐부수고 '북진통일하자!'는 구호를 외치는 한국인들이 있는가 하면, '옛 일본의 영광을 되찾자!' 하는 야심을 가진 일본인들이 있습니다. 특히 일본 우익 정치집단은 그 의지가 분명합니다. 남의 나라에서 자신의 군사적 영향력을 통해 지배력을 강화한 역사적 경험을 갖고 있으니까요. 이러한 위험 속에서 우리는 어떤 국제 관계를 추구해야 할까요? 정치-시민으로서 우리는 이런 상황에서 어떻게 우리나라 국민으로서 우리 자신의 주도권을 지켜갈 수 있을까요? 우선 몇 가지 사실은 꼭 잊지 말아야 합니다.

강대국 외국의 군사력, 무력전쟁으로 문제를 해결하려는 모든 정치적 시도는 막아야 한다

첫째는 휴전과 분단 상황을 악용하고 전쟁의 힘을 키우기 위해 외국의 힘에 의존하고 종속되는 일은 이제 하지 말아야 합니다. 휴전이나 분단 상황은 우리가 주도적으로 극복할 상황이지, 우리가 언제까지나 남에게 종속돼야 하는 불가피한 상황이 아니라는 것이에요. 둘째는 군사적 대결과 긴장의 지속과 그를 활용하는 정치 세력이 계속 권력을 잡고 국민을 위험 상황에 몰고 가는 것을 더 이상 방치해서는 안 됩니다. 이 두 가지는 남한이든 북한이든, 우리나라를 둘러싸고 힘을 키우려는 외국의 어떤 나라든지 똑같이 명심해야 할 문제입니다.

그런데 내가 전쟁기념관을 둘러보면서 흥미롭게 봤던 사진들 중 하나는, 바로 이 전쟁 중에서도 우리나라 전역에서 학교가 계속 문을 열고 가르치고 배우는 사진이었어요. 심지어 이런 사진도 있었습니다. 참혹한 전쟁 중에도 우리나라 극장가에서는 해외의 유명 영화들이 수입되고 개봉되었어요. 물론 일제강점기하에서도 마찬가지입니다. 어쩔 수 없이 일본어 이름을 갖고 일본어로 배우면서도 그 배움의 내용이 오늘날과 근본적으로 다른 내용을 다루고 있는 것은 아니었거든요. 그것까지 빼앗을 수는 없었기 때문입니다.

강대국 중심의 관계에서
우리의 주도권을 지켜나가려면

하지만 이제 우리나라는 모든 면에서 '미국식 모델 무조건 따라 하기'에서 좀 벗어날 필요가 있어요. 우리나라 보통 시민의 삶과 공공선을 위해서입니다. 전쟁을 싫어하고 평화를 바라는 보통 시민의 관점이 있는 반면에 전쟁을 부추기고 평화를 싫어하는 특수 이해관계에 있는 사람들의 관점도 있습니다. 그런데 요즈음은 안타깝게도 평화를 원하는 보통 시민의 목소리가 자주 감춰지고, 공공연히 전쟁의 불가피성을 주장하면서 특별한 명분과 신념을 내세워 은밀하게 자신의 이해관계를 관철하려는 불온 정치 세력들이 점점 많아지고 있어 염려가 됩니다.

강대국 중심의 국제 관계는 단지 전쟁이냐 평화냐의 문제 이상으로 그들 중심의 문화적 이데올로기와 제도 및 삶의 패턴을 깊숙이 다른 국가의 시민들에게 종속적 의식으로 널리 퍼뜨립니다. 그래서 외형상으로는 독립과 자립을 쟁취했어도 정신과 문화 및 교육에서는 여전히 종속적인 사람으로 살게 되는 거예요. 물론 제2차 세계대전 이후 명목상으로는 식민지가 없어졌습니다. 하지만 문화적 차원에서는 여전히 제국주의와 그에 따른 각종 차별, 그리고 식민지와 비슷한 풍습들이 강하게 지속되고 있어요.

요즈음 젊은 세대는 기성세대나 그 부모 세대에 비하여 분단에 대한 피해의식, 빨갱이 때려잡기 구호뿐 아니라 무조건 미국 따라 하기 문화에서도 상대적으로 자유로운 편이라고 생각합니다. 정말이지 이제는 우리 모두 레드콤플렉스에서 벗어나고, 강대국 문화 콤플렉스에서도 좀 벗어나야 합니다. 그를 위해 우리는 진짜 세계시민으로서 세계를 누비고 연구하고 경험하고 관찰하면서 자립적이고 독립적인 시민이 스스로 되어야 합니다. 전쟁이 아니고 생명을, 전쟁이 아니고 평화를 만들고 지속하는 활동은 약자의 활동이 아니고 자립과 독립정신이라는 면에서 강자의 활동이라는 것을 우리 삶에서 직접 증명하면 됩니다.

제 8 장

정치에서
주도권의 문제가
중요한 이유

동학 종교인들은
왜 정치적 투쟁까지 나섰을까?

　여러분은 리더십이라는 말을 귀가 따갑게 들어보았을 것입니다. 리더십이 있는 사람은 뭔가 힘이 있어 보이고 선망의 대상이 됩니다. 학교뿐 아니라 수많은 강연자나 연설가는 국제화 시대에 부합하는 리더십을 갖춘 인재를 기르는 것을 교육목표로서 자랑스레 내세웁니다. 하지만 정작 리더십이 무엇인가 구체적으로 증명하라고 하면 고작 영어 소통 능력이나 국내 및 국제기구나 조직의 대표 자리를 맡게 되는가의 여부를 중요하게 말할 뿐이지요. 그러나 그것들이 리더십, 특히 정치적 리더십에 대해 진짜 중요한 능력을 말해주고 있다고 보기는 어려워요.

　이번 정치 공부의 주제는 정치적 리더십입니다. 정치적 리더십을 한 개인의 카리스마 정도로 생각한다면 충분하지 않아요. 정치적 리더십은 정치적 실천에서 한 공동체가 국민 전체를 대상으로 주도권을 표현하는 문제이기 때문입니다. 정치의 장에서는 수많은 이해관계를 둘러싼 집단들과 조직들이 그와 관련되는 특정한 사고방식과 세계관, 가치관, 정치적 주장을 두고 서로 격돌하게 되지요. 그리고 이러한 상호 격돌의 과정은 곧 국민들에게 투명하고 공정한 방식으로 정치적 주도권을 인정받기 위한 과정입니다.

정치적 주도권은 어떤 문제를 어떤 관점으로 파악할 것인가, 그리고 그 문제들을 누가 맡아 해결할 것인가를 둘러싸고 겨루는 투쟁의 장입니다. 정치적 주도권을 획득하는 집단은 정치적 격돌의 장에서 유리해지고 정치적 주도권을 갖지 못하거나 잃는 집단은 정치적 패배를 겪게 되지요. 그런데 언제나 정치적 주도권의 최종 판단은 국민에게 있습니다.

정치-시민의 정치적 주도권은
지켜내기가 더욱 어렵다

정치적 주도권에 대해 생각할 때 가장 먼저 떠오르는 속담 두 개가 있습니다. 하나는 '죽 쑤어서 개 준다'라는 속담이고 다른 하나는 '재주는 곰이 부리고 돈은 되놈이 받는다'는 속담입니다. 후자의 속담은 1899년 《독립신문》에 "어떤 청나라 사람이 원숭

이를 데려와 그 재주를 보여주고 대한 백성의 돈을 **뺏어 간다**"는 기사가 실렸던 데서 생겨난 것이에요. '죽 쑤어서 개 준다'는 속담은 내가 노력하고 애를 써서 한 공을 남이 쉽게 가져가거나 그 공을 세운 사람과는 전혀 상관없는 엉뚱한 사람에게 이로운 결과를 안겨주는 것을 비유한 것입니다.

불과 몇 년 전까지만 해도 사회의 중요한 문제들에 관심을 기울이고 뜻을 모아 정치적 표현을 하곤 했던 기성세대라면 이 두 속담에 적지 않게 공감할 거예요. 기껏 열심히 힘을 모아 문제를 제기하고 각종 집회나 성명을 통해 위험을 무릅쓰고 정치적 의사 표현을 해도 결과적으로는 남 좋은 일을 했구나 하는 실망감 때문이지요. 왜 올바른 마음에서 출발한 정치적 의사 표현이 자주 실망스러운 결과를 낳게 되는 것일까요?

이 두 속담에 어울리는 사례를 동서양의 역사에서 찾아보기는 그리 어렵지 않아요. 농민들과 성공한 상공 기업인(부르주아)들이 지식인들과 힘을 합해 자유와 평등 그리고 박애를 외치며 대규모로 정치적 투쟁을 벌인 프랑스혁명은 안타깝게도 나폴레옹의 독재 그리고 영향력 있는 귀족 부르주아 계층에게 그 열매가 돌아갔습니다. 동유럽과 러시아, 남미 등에서도 평등과 정의를 외치던 국민의 열망이 일부 정치 독재자들에 의해 그 공이 독점되곤 했습니다.

해방 직후 우리나라의 정치적 상황도 크게 다르지 않았습니다. 일제강점기에 수많은 사람의 독립운동과 그들이 입은 피해가 엄청났지만 그 과실의 상당 부분은 남쪽과 북쪽에서 정치적 주도권을 획득한 사람들이 차지했습니다. 누구로부터 얻어냈을까요? 전쟁의 승리자인 강대국 군사정부 인사들에게서 얻어냈습니다.

극우 포퓰리즘 정치에서는
국민이 더 나쁜 정부를 만들어낸다

광복 이후에도 독재 정부의 부패에 항의하고자 민주화 투쟁을 통해 생명과 삶을 바친 수많은 사람이 존재했고 정치적 폭압에 피해를 입은 수많은 사람이 있었지만 언제나 그 과실과 영예는 일부 정치인들이나 지식인들의 몫이 되는 경우가 적지 않았습니다. 앞의 두 속담대로입니다. 이러한 모순은 왜 계속되는 것일까요? 과연 정치라는 것, 정치적 참여나 정치적 실천은 이런 방식에서 영영 벗어날 수 없는 것일까요? 서양의 정치학자 앨런 라이언은 이와 관련하여 다음과 같은 견해를 내놓기도 했습니다.

어느 사회에서나 실제로 그 사회를 다스리는 역할을 맡은 사람은 소수일 수밖에 없다. 이 점을 인정한다면 엘리트가 다수에게서 충성을 받아내는 방식이 무척 다양하다는 점도 알 것이다. 전체주의 엘리트는 비밀경찰을 운영하고, 민주주의 엘리트는 여론조사와 홍보 기관을 이용한다. …… 우리는 어차피 엘리트의 지배를 받을 수밖에 없는데, 엘리트의 순환이 가능하면 무능한 엘리트가 더 능력 있는 엘리트로 대체될 수 있다. 대중은 이 엘리트와 저 엘리트 중에 선택할 수밖에 없지만, 공개경쟁과 자유선거는 좋은 정부를 만들어낸다.[17]

　앨런 라이언은 서양 정치사상학자이기에 이렇게밖에 말할 수밖에 없을지도 모릅니다. 옛날이나 지금이나 정치 영역에서 진정한 변화는 불가능하고 단지 이쪽 명단에서 저쪽 명단만 바뀐다는 것이지요. 그나마 명단을 바꾸는 경쟁 과정에서 그래도 이전 정부보다는 좋은 정부가 될 수 있다고요. 하지만 그런 명단 바꾸기 경쟁이 언제나 더 좋은 정부를 약속할까요? 오히려 더욱 질 나쁜 정부를 만들 수도 있습니다. 대중이나 국민이 광범위하게 개입해서 질 나쁜 정부를 만드는 시스템이 바로 극우 포퓰리즘 현상입니다. 안타까운 것은 지금 전 세계적으로 극우 포퓰리즘이 다시 힘을 얻고 있다는 거예요.

　앨런 라이언 같은 서양의 정치학자들은 고대 아테네 시민들의

---

17) 앨런 라이언, 『정치사상사』, 남경태 · 이광일 옮김, 문학동네, 15쪽.

직접민주주의 정치에 대한 동경을 갖고 있으면서도 그러한 정치가 더 이상 현대 서양 사회에서는 가능하지 않다고 보고 있어요. 그런데 이런 생각은 결국 정치적 주도권은 여론과 홍보에 능수능란한 소수 정치기술자, 대중에게 어필할 수 있는 소수 정치 선동가에게 달려 있음을 인정하는 것입니다. 서양인들의 방식을 따라하는 것이 최고라고 믿는 사람들에 의해 우리의 정치도 이런 모습을 닮으려고 합니다. 우리는 막연하게 능력과 경쟁, 대중적 지지와 대중의 마음을 사로잡을 수 있는 교묘한 정치 기술자들, 그리고 그들 간의 권력 싸움을 마치 스포츠 경기를 관전하듯 즐기다가 여론조사나 투표에 떠밀리듯 한정된 범위 내에서 선택하는 일밖에 할 수 있는 일이 없게 되지요.

하지만 이것은 바른 정치적 실천과 한참 동떨어져 있어요. 감추어져 있는 현실을 모두 말해주고 있지도 않고요. 대낮에 햇빛이 밝다고 달과 별이 하늘에 없는 게 아니듯이, 우리의 현실이 비록 우울한 모습만 눈에 잘 보인다고 해서 꾸준하고 바람직한 정치적 실천이 전혀 없지도 않아요. 우리의 정치 역사에는 신선한 발상으로 새롭게 시작할 만한 실마리들이 많거든요. 특히 일제강점기가 시작되기 전에 동학 종교인들의 정치적 투쟁에 대해 잠시 살펴보도록 합시다.

동학의 인간에 대한 믿음은
국가의 정치적 실천과 연결되어 있다

동학은 최제우의 정신적 깨달음에 의해 시작된 19세기 후반의 한국 종교 사상이자 정치사상이었습니다. 『동경대전』에서 최제우는 자신의 정신적 깨달음이 당시 우리나라의 정치적 위기 상황과 무관하지 않다는 것을 직접 고백하고 있습니다. 최제우의 말을 들어볼까요?

지금 세상은 각자위심의 세태가 만연하고 서양의 침공으로 어려움에 놓여 있다. 그러므로 우리나라는 악질의 나쁜 기운이 가득 차서 백성들은 한시도 편안할 날이 없구나. …… 이제 서양의 침공으로 중국이 망하게 되면, 입술이 없어져 이가 시리게 되는 화를 우리나라가 맞게 될 것이 아닌가? 아아! 보국안민(국가를 지키고 국민을 안전하게 하는 것)의 계책을 장차 어떻게 마련할 수 있을까, 참으로 걱정이로구나. …… 다만 늦게 태어난 것을 한탄하고 있을 즈음에, 몸이 떨리며 마음이 추워지며, 밖으로는 신비스러운 영과 접하는 기운이 있으며, 안으로는 강화의 가르침이 있었다.[18]

18) 최제우, 『동경대전』, 윤석산 역주, 모시는사람들, 17~18쪽.

최제우는 유력한 양반 가문 출신도 아니고 높은 관직을 맡거나 사회적 지위가 높았던 사람도 아니었습니다. 하지만 그는 나라가 위기에 처하고 서양의 문물과 종교가 들어와 그 우월성을 자랑하면서 영향력을 떨치며, 중국과 같은 강대국조차 그 힘에 스러지는 모습을 보았습니다. 자신을 비롯하여 수많은 사람이 경제적으로 어려움에 처하고 사회적, 정치적 폐단들이 만연해지면서 저마다 개인적 삶만을 추구하여 나라를 지키고 국민을 잘살게 해야 하는 정치가 실종되어가는 현실을 눈앞에서 보고 그에 대한 걱정으로 마음이 온통 고통스러웠습니다.

그런 즈음에 최제우는 정신적 깨달음을 얻습니다. 그의 정신적 깨달음이 바로 동학의 핵심 가르침이 되었습니다. 그는 여러 가지 용어로 자신이 깨달은 내용을 표현하는데요. 중요한 것은 그가 각 개인으로서의 인간의 정신적 가치와 평등성에 주목하고 있다는 점이에요. 최제우가 한울님을 모시고 있는 인간 각자의 마음의 가치에 대해 말하고 있는 내용을 보면 우리나라의 불교와 유교의 핵심 정신과도 맞닿아 있다는 것을 알 수 있어요.

―― (우리 각 개인의) 마음은 본래 형상도 없고 또 보이지도 않는 것이다. 그러므로 마치 비어 있는 것 같아서 사물에 응하여도 자취가 드러나지 않는다. 그러나 형체도 모양도 없는 그 마음을 닦아야만 한울님이 우리

에게 베풀어준 은덕을 알 수 있는 것이요, 한울님 덕을 밝히는 것이 바로 도이다. 도를 깨닫고 이룬다는 것은 한울님 덕에 있는 것이지 결코 사람의 인위적인 것에 의하여 이룩되는 것은 아니다. …… 만유가 화생하는 이치나 만유가 화생되어 겉으로 드러난 현상이나 그 본원을 따져보면 서로 같은 것이다. …… 군자의 덕은 기운이 바르고 한울님 마음을 변함없이 실천하는 삶을 살아가고, 그러므로 천지와 더불어 그 덕이 합일된다. 소인의 덕은 기운이 바르지 않고 마음이 이리저리 바뀌는 까닭으로 천지와 더불어 그 명이 어긋나는 것이다.[19]

최제우가 창시한 동학은 종교적 공동체를 이루었을 뿐 아니라 정치적 실천으로 이어졌습니다. 동학교도들 중 대다수를 차지하던 농민들이나 사회적으로 깨어 있던 지식인들은 자신이 겪는 차별과 경제적 궁핍 등을 정치적 문제로 인식하고 정치적 실천을 시작했어요. 그들은 모든 인간이 한울님을 자신의 마음속에 간직하고 있는 평등한 존재, 결국 운명 공동체라는 것을 깨닫고 정치적, 사회적 폐단을 직접 해결하는 주체로 거듭나기 시작합니다. 즉 정치적 문제는 자신과 무관한 것이 아니라 자신들의 주도적

19) 최제우, 『동경대전』, 윤석산 역주, 모시는사람들, 38, 98∼99쪽.

실천의 힘에 의해 변화될 수 있다고 생각한 것입니다. 그래서 동학운동은 단지 종교적 믿음을 넘어서서 광범위한 민중 운동, 신분 차별과 외세에 저항하는 정치적 실천 운동, 정치투쟁이 되었습니다.

동학의 정치적 주도권을 반대한 사람들도 있었다

그런데 역사적 상황이 항상 긍정적인 쪽으로 간 것은 아니에요. 동학에 반대하고 동학 세력에 의해 정치적 주도권을 빼앗길 수 없으니 그들을 진압해야 한다고 생각한 사람도 적지 않았습니다. 당시의 정부뿐만 아니라 심지어 반외세 운동에 나선 양반 출신 의병들, 기독교와 같은 다른 종교인들은 동학의 정치적 주도권을 경계했어요. 그래서 동학의 정치적 투쟁은 복잡해졌습니다. 양반 대 농민, 국가 정부 대 백성, 외국과 그에 협력하는 세력 대 저항 세력이 격돌하는 모습이 되었으니까요.

동학에 반대한 쪽에서 내세운 주장은 무엇이었을까요? 그들은 왜 동학을 거부했을까요? 1894년 1만여 명이 넘는 동학농민군이 읍성을 점거하자 군수와 유격장 등이 동학농민군을 진압하기 위해 토적문을 작성합니다. 그 토적문에 이런 내용이 들어 있었습니다.

___ 동적(동학도적)이 임금도 없고 아비도 없는 것처럼 윤리와 의리를 능멸하는 것은 부녀자와 어린이들도 모두 아는 바이니 귀신들도 반드시 벌하여 죽일 것이다. 이에 우리 의로운 선비는 함께 힘을 합쳐 괴수를 섬멸하고 따르는 자들을 풀어주어, 위로는 나라의 근심을 풀고 아래로는 사대부와 부녀자의 원한을 씻어 충의를 다하기로 한 맹약을 깨뜨리지 않기를 맹세한다.[20]

몇 년 후, 충청 우금치에서 20만 명에 달했던 동학교도 농민은 정부군과 일본군에게 진압됩니다. 그런데 이 토적문의 내용에 있는 대로 적지 않은 사람들이 동학교도들의 정치적 실천과 투쟁을 반윤리적 배은망덕한 행위로 생각했던 것 같습니다. 동학교도들의 정치적 주장을 괴수와 도적의 행위로 간주한 거지요. 그래서 그들은 약해진 정부의 힘을 틈타 정치적 주도권을 쥐기 시작한 일본군으로 하여금 오히려 동학교도를 진압하도록 허락했어요.

그런데 말이에요. 그들이 스스로 의로운 선비를 자처하고 사대부와 부녀자를 지키고 나라를 지키자는 명분을 내세웠지만, 실제 현실에서는 그 자신들의 행동이 결국 정치적 주도권을 일본에게

20) 신진희, 「경상도 북부지역 '반동학농민군' 연구」, 안동대 박사학위논문, 2016, 73쪽.

넘겨주는 길을 앞당기고 있었다는 사실을 깨닫지 못한 것입니다. 그들이 동학교도들과 힘을 합쳐 일본이나 부패 관리들을 단호하게 처벌했다면 얼마나 좋았을까요?

서양의 종교개혁가 루터도
농민들의 정치적 저항에 반대했다

이와 비슷한 사례를 서양의 역사에서도 찾아볼 수 있습니다. 서양 기독교 내에서 구교와 신교의 대립이 극심해지고 루터를 중심으로 하는 개신교도들의 힘이 커질 무렵 예전의 정치 질서에서 괴로움을 받던 수많은 농민들이 정치적 투쟁을 벌이게 됩니다. 전통적 정치 질서에서 새로운 정치적 주도권을 둘러싸고 치열한 정치적 투쟁이 전개되었던 것이지요. 하지만 정작 루터는 농민들의 정치투쟁을 반대하였고 그들과 자신의 새로운 종교 세력을 구분했어요. 결국 루터의 종교개혁 시기에 농민들은 새로운 정치적 주도권을 획득하지 못하였습니다.

동서양의 역사에서 공통적으로 알 수 있는 것은 한 사회의 가장 기층인 민중에 해당하는 사람들이 정치적 주도권을 획득하는 일이 좀처럼 쉽지 않다는 것입니다. 하지만 동학교도들의 정치투쟁은 무조건 실패한 것이라고 할 수 없어요. 동학은 반짝 생겼다 사라졌던 수많은 신흥종교 같은 것이 아니었습니다. 정부와 일본에 의해 진압당한 후에도 오세창과 같은 동학 지도자는 3.1운동에 이어 김구 등과 함께 광복 이후 대한민국 정부 수립의 단상에 나란히 서서 새로운 출발을 함께했습니다.

정치적 주도권이
진정한 주권의식이 된다

정치에서 주도권이 중요한 이유는 무엇일까요? 그것은 다른 사람에게 의존하거나 휘둘리지 않고 직접 자신의 목소리를 스스로 내도록 하는 힘이기 때문입니다. 적어도 동학교도들은 자신의 종교적 믿음을 정치적 투쟁과 관련짓고 적극적으로 표현하였기에 스스로 정치적 주도권을 행사하려는 모습을 보인 사람들이라고 할 수 있습니다. 역사상 수많은 피지배층, 가난한 민중들은 자신의 어려움과 고난을 언제나 다른 계층인 지식인의 입을 빌려 간접적으로 표현할 수밖에 없었습니다. 그러나 그렇게 다른 계층이나 다른 사람들의 힘을 통해 저항하면 결국 그 저항의 결실은 다른 사람들에게 돌아갈 뿐입니다. 죽을 쑤어서 개를 주는 것이고 재주만 부리고 돈은 다른 사람의 주머니에 들어가게 하는 것입니다.

정치에서 주도권이라는 것은 곧 그 정치 참여자 스스로가 발휘하는 정치적 목소리이자 정치적 리더십을 가리킵니다. 이것은 결코 다른 사람들에게 떠넘기거나 양도해서는 안 되는 것입니다.

현대 사회가 아무리 소수의 정치기술자나 관료 엘리트 중심의 정치 시스템으로 고정되어가고 다수의 대중은 구경꾼의 위치로 밀려난다고 해도, 이러한 현상을 어쩔 수 없는 것으로 합리화하거나 정당화해서는 안 됩니다. 우리에게는 또 다른 역동적인 정치적 실천의 역사가 엄연히 존재하기 때문이에요.

현대 사회에서 정치는 정치-시민들의 것이 되어야 합니다. 기본 원칙을 공유하는 사람들이라면 계층적 차이나 국적의 차이를 넘어서서 연대하고 포용할 수 있는 조직으로 계속 유지하고 발전시켜야 합니다. 부차적인 장벽을 넘어 큰 원칙하에 가능한 한 많은 사람과 함께 연대하고 지속적으로 힘을 발휘하는 그런 깨어 있는 정치-시민 조직체를 우리는 만들어내야 합니다.

깨어 있는 시민 대중의 정치적 주도권은 단기간의 급작스러운 여론 조작이나 대중 선동 정치와는 구분됩니다. 우리는 이미 그러한 정치 실천의 싹을 동학교도들의 정치적 실천을 통해 유의미한 시사점으로 얻을 수 있습니다. 동학교도들의 정치적 주도권은 무력으로 진압되었고, 동학교도를 도적이라고 부르며 진압하러 온 일본군이 정치적 주도권을 마음껏 행사하도록 내버려둔 결과 우리는 일제강점기라는 길고 어두운 터널을 맞이할 수밖에 없었습니다.

일제강점기와 분단, 해방 이후의 수많은 정치적 저항 행위와 민주화운동의 흐름 속에서도 여전히 우리는 정치적 주도권을 온전히 행사하고 있지 못합니다. 정치 기술자나 관료 엘리트는 무조건 믿고 맡길 수 있는 사람들이 아닙니다. 오히려 깨어 있는 정치-시민 대중들의 광범위한 연대 조직에 의한 정치적 감시와 견제를 통한 정치적 주도권의 표현이 계속되어야 합니다. 정치적 주도권의 지속적인 표현이야말로 진정한 정치적 주권 행사 활동이 되는 것입니다.

시민적 '존중과 평등' 사회는 불가능할까?

특권과 특혜, 사회적 무시와 갈등 사회에서 정치적 형평성 찾기

　국민의 뜻을 위임받아 공적기관에서 일하는 공직자들이나 그들 가족이 어떤 불법적 특혜나 특권을 저질렀을 때에는 반드시 그것을 명백하게 드러내고 공개적으로 비판하는 것이 매우 중요합니다. 왜냐하면 그러한 특권과 특혜 때문에 부당하게 피해를 입는 일반인들이 있게 되고 그러한 관행이 아무런 제지 없이 계속되면 결국 사회적 악습으로 굳어지게 되기 때문이에요. 이번 정치-시민 되기 연습 주제는 정치권에 만연해 있는 특혜와 특권적 관행들과 그로 인해 사회적 피해자들이 증가하는 모습을 분석해보는 것입니다.

　몇 년 전에 어느 장관 후보자의 딸이 국제학교 재학생의 신분으로 재력과 지위를 이용하여 입시를 위해 거짓 스펙을 쌓아가는 내용이 연일 언론에 보도되었는데요. 이를 두고 정치인들이 서로 논쟁하며 비판이나 옹호의 말들을 쏟아냈습니다. 나는 그 정치인들의 말들 중에서 한 가지를 집중적으로 분석해보려 합니다. 그 말의 내용은 이렇습니다. '돈이 많은 사람들이 자식 교육을 시키는 방식이 돈이 없는 사람들의 그것과 차이가 있는 것일 뿐 특별히 문제될 것은 없다. 공부 잘하는 아이가 다양한 자원들을 활용하여 자신의 능력을 축적해가는 것이 뭐가 문제냐'는 말입니다. 이 말 속에는 '이런 일들까지 세세하게 비판하는 것은 일종의 박탈감과 질투의 표현이 아닌가?' 하는 태도가 배어 있습니다.

교육적 특혜와 특권에 대한
악습은 좀처럼 개선되지 않는다

사실 이런 식의 태도는 기성세대나 그 부모 세대의 적지 않은 사람들도 갖고 있던 생각입니다. 그들은 일제강점기와 한국전쟁 그리고 급격한 경제 발전 과정에서 심각한 사회적 불평등을 경험하였고 그러한 불평등은 학력과 학벌의 차이로 인해 심화된다는 것을 알았기 때문에 교육 문제만큼은 필사적이었습니다.

다른 사회문제에는 정의감을 발휘하는 사람들도 정작 자기 가족에 대한 교육 문제에서는 광범위하게 퍼져 있는 특권과 특혜 장치들의 수혜자가 되는 것을 묵인하거나 오히려 적극적으로 추구합니다. 그들이 상대방에게 하는 비판은 그것이 정말 문제여서가 아니라 '너희만 누리는 건 안 된다. 우리도 누려야겠다'는 일종의 질투의 표현이 되었지요.

이런 현상이 뜻하는 건 뭘까요? 공적 차원에서 꼭 필요하고 반드시 개선되어야 할 사안들이 사적인 방식이나 개인들의 이익과 권력 다툼으로 변질되고 단기간에 소비되어버린다는 것입니다. 이 문제를 제기하면 누가 피해를 입고 누가 혜택을 누릴 것인가의 문제로 모든 사안이 변질되는 것이지요. 그래서 현대 사회 시스템에서는 누군가 어떤 것을 비판하면 항상 그 배후의 이익을 계산하는 해석이 많아졌습니다. 공적인 차원의 비판은 설 자리가 점점 좁아져가고 있습니다.

사회적 평등은
여전히 중요한 정치적 과제이다

많은 사람이 평등을 이야기합니다. 하지만 정치에서 평등과 관련된 구호는 특정 목적을 이루기 위한 과시적 수단으로 이용당하기 쉬운 구호입니다. 건강하고 창조적인 정치-시민운동의 전통이 약한 나라일수록 평등과 관련한 구호는 실질적인 정책과 제도로 결실을 맺기 어렵습니다. 그저 권력 싸움을 하는 사람들이 공허하게 떠드는 형식적인 구호가 되는 것이지요. 자유라는 구호나 평등이라는 구호는 사악한 정치인들에 의해 악용될 소지가 항상 있는 거예요.

젠더 평등 문제를 예로 들어볼게요. 대학에서 나의 강의를 듣던 어떤 학생은 심각한 표정을 지으며 이렇게 말했습니다. "솔직히 이제 젠더 문제는 이성적이고 합리적인 토론이 불가능한 지점까지 온 게 아닐까 싶습니다." 하지만 나는 진짜 시작은 이제부터가 아닐까 합니다. 나의 세대에서는 불가능했던 신선한 방안들이 정치-시민들에 의해 계속 등장하니까 말이지요. 나의 세대에서의 해결 방식이 품던 모순이나 딜레마들이 점점 파헤쳐지고 있고요.

젠더 평등을 추구했던 프랑스 작가 시몬 드 보부아르는 만년에 『연애편지』라는 두꺼운 서간집을 냈습니다. 그녀는 당시 사르트르와 계약결혼을 하고 있었는데 미국 여행 중에 만난 미국인 남자와 열렬한 사랑에 빠져 수십 년 동안 연애편지를 보냈고 그 편지들을 엮어 책으로 출판했던 거지요. 보부아르는 미국인 애인에게 '나의 사랑하는 남편에게'라는 애칭을 사용하면서 자신의 생활을 그와 공유하려고 애를 씁니다. 하지만 미국인 남편은 사르트르와 보부아르와의 계약결혼 관계 방식을 받아들일 수 없었고 결국 보부아르에게 이별을 선언하지요.

예전에 여성의 경제적 자립과 정서적 자립 문제는 닭과 달걀의 관계처럼 돌고 도는 문제로 간주되었어요. 여성이 경제적이고 사회적인 자립 능력이 없으니까 종속과 불평등이 계속된다. 여성의 종속과 불평등이 계속되니까 경제적이고 사회적인 자립 능력을 키우지 못한다. 설사 여성 빈곤층이 많아지고 여성들이 낮은 임금을 받고 일하고 있어도 그녀들은 부유한 전업주부층과 연대할 수 없었습니다. 계층과 계급이 달랐기 때문이지요.

부유한 전업주부들이 특권적 자식 교육이나 부동산 재테크에 왜 몰두하는가에 대해 분석한 연구 결과에 의하면, 그 계층의 여성들이 자기 존재감을 내세울 수 있는 독점적 영역으로 생각했기 때문입니다. 부엌에 남자들이 들어오지 못하게 하는 것을 남성 우월적 관점이 아니라 여성만의 독점적 공간에 대한 수호의식으로 해석하는 관점도 있어요. 하지만 예전의 우리 부모 세대가 보여주었던 여성적 모성이나 돌봄, 헌신에 대한 비판적 문제 제기도 많아졌습니다.

젠더 평등 문제는
다채로운 문화운동으로 발전하고 있다

젠더 평등 문제는 사회문화 및 제도개선 측면에서 차별의 흔적들을 하나하나씩 차근차근 끈질기게 밝혀내고 극복해가는 일종의 다채로운 문화운동이 되고 있습니다. 영문학자 채서영 교수는 영어 속에 여성차별적인 용어들이 얼마나 많이 있는지 파헤치고 있는데요. 다음의 글을 함께 볼까요?

___ 남녀 차별을 제대로 실감하게 되는 경우는 남녀를 모두 일컫는 총
칭에 남성형을 쓸 때입니다. 예를 들어 man, mankind, master,
masterpiece, brotherhood 같은 단어가 각기 사람, 인류 전체, 거장,
훌륭한 작품, 인류애를 나타내는 경우죠. 이에 상응하는 여성형 단어
는 아예 없거나 있더라도 매우 축소된 의미로 쓰입니다. 영어의 성차
별적인 면은 일상 속 언어를 사용하는 과정에서 더 드러납니다. 이를테
면 master의 여성형인 mistress는 '여주인'이라는 의미보다 숨겨둔 애
인의 의미로 더 자주 씁니다. 여성이 품위 없고 성적으로 방종하다는
의미의 영어 단어는 남성에 대한 비슷한 표현에 비해 훨씬 많죠. 심지
어 일반적으로 쓰는 흔한 단어도 여성형은 나쁜 의미로 전락하기 십
상입니다. …… 본래 여성을 높이는 호칭인 lady(숙녀, 귀족 여인)는 그저
woman의 대용어인 얕은 의미로 변하고 급기야 화장실(ladies room)과
여성 청소부(cleaning lady), 여성 옷 수선공(sewing lady) 등에 사용되면서
더 격하되기도 합니다. …… 여성 의사라면 어떨까요? woman doctor
일까요? 아니면 lady doctor일까요? 흥미롭게도 전자가 더 많이 쓰이
지만 사실 어떻게 써도 좋게 들리지 않기 때문에 female doctor를 쓰
기도 합니다. 하지만 male/female 역시 생물학적인 암수 구분이므로
사람에게 사용하기에는 바람직하지 않다는 의견도 있습니다.[21]

채서영 교수의 지적대로, 여성형을 붙이거나 밝히는 일에 대해서는 사실 편견이 존재합니다. 군이 여성이라는 것을 밝힐 필요가 없는 곳에까지 호칭을 붙여서 오히려 부정적인 결과를 보여주는 면이 있기 때문이지요. 그냥 대학생이면 되는데, 꼭 여대생이라고 해야 할 필요가 있는가? 여교수, 여류 작가, 여류 화가 등도 마찬가지입니다. 그에 비해 여성의 권리를 위해 여성임을 밝힐 필요가 있는 영역이나 문제들도 존재합니다. 여성인권, 여성노동자인권 등의 문제가 그렇습니다.

사회적 평등 의식은
존중하는 법을 새롭게 배우면서 생기는 것이다

존중의 반대는 무엇일까요? 무시와 무관심이겠지요. 혹은 차별과 박해, 학대일 수도 있겠고요. 현재까지 젠더 평등 문제가 이정도만큼이라도 사회적 관심을 획득하기까지에는 여성운동의 힘이 가장 큽니다. 그런데 이것을 젠더 갈등의 문제로 교묘하게 악용하여 정치적 이득을 얻는 세력이 등장했습니다. 여성 문제에 대해서도 여성 내에서 상대적으로 혜택을 얻어왔던 사람들이 여성

---

21) 채서영, 『영어는 대체 왜? 그런가요』, 사회평론, 2021, 270쪽~271쪽.

문제를 폄훼하기도 하지요. 여성운동 내에서 다양하게 펼쳐지는 견해와 주장들의 스펙트럼에 따라 어떤 것들은 지지하지만 어떤 것들은 지지하지 않는 사람들도 나타났습니다.

예를 들어 여성 노동자의 권리는 보장되고 더욱 확대되어야 하지만 성을 팔고 사는 성매매업에 종사하는 여성들도 성노동에 종사하는 것이니 성매매 노동도 정당하게 인정해야 한다는 주장에 동의하지 않는 사람들도 있습니다. 사실 시몬 드 보부아르와 사르트르가 계약결혼 관계를 유지하면서도 서로 여성 편력과 남성 편력을 자유로운 행동으로 간주하고 누렸던 데에 비해 그런 편력을 지지하지 않는 활동가들도 있었습니다. 이와 같이 최근의 젠더 문제는 그와 관련되어 있는 수많은 복잡한 사회문화 및 제도적 관행의 문제들과 함께 연동되어 나타나고 있습니다. 그래서 이 문제의 해결 과정 역시 단박에 가능하지 않을 것입니다.

젠더 문제를 단순히 남녀 갈등 문제로 단순화하고 대결구도로 몰아가려는 정치적 시도는 문제의 본질을 가릴 수 있습니다. 고부 갈등이 가부장제의 문제인데도 정작 가부장은 선한 얼굴을 하고 있고 시어머니와 며느리 간의 갈등만 부각되는 것과 비슷합니다. 그런데도 그런 관점이 자꾸 부각되는 것은 그런 관점을 정치적으로 왜곡시켜 기득권을 유지하려는 사람들 때문이지요.

내가 '존중'이라는 용어를 사용할 때는, 기계적으로 '상대편의 입장이 되어 '생각해보기' 정도를 말하는 것이 아닙니다. 존중할 수 있는 것도 능력과 안목과 공부가 필요합니다. 현재 젠더 문제를 둘러싸고 존중과 이해, 공부가 훨씬 더 많이 필요한 사람들은 여성이 아니라 남성입니다. 그리고 현재 남성들이 가장 시급하게 배워야 할 내용은 젠더 문제를 '케바케'의 문제, 즉 여성들 개개인에 따라 달라지는 문제로서가 아니라 사회문화 및 제도개선의 문제로 인식하는 것입니다. 그러한 인식의 변화로 인해 자신이 겪어보지 못한 영역에서도 함께 분노하고 함께 변화하는 행동으로 이끌 수 있습니다.

국가와 정부는
무엇을 책임지고
누구를 보호하는가?

안중근 장교가
국제 군사재판을 요청한 이유

　일제강점기에 강제로 일본 군부대의 성노예로 살아야 했던 위안부들과 강제징용 노역자들이 일본 국가와 기업을 대상으로 손해배상을 청구하는 재판들의 결과는 여전히 이행되지 않고 있습니다. 지난 2021년 1월 초 '일본은 위안부 피해자 1인당 1억 원씩 배상하라'는 판결이 나왔는데도 일본 정부는 판결을 따라 행동하지도 않고, 그렇다고 항소를 제기하지도 않았습니다. 한마디로 침묵으로 무시해버렸던 거지요.

　그로부터 몇 달 후에 다시 앞의 판결을 뒤집고 각하해버린 우리나라 판사가 있었습니다. 그 판사는 주권국가인 일본을 다른 나라 법정에 세울 수 없기 때문에 각하한다고 변명합니다. 그런데 좀 이상한 점은, 이 뒤집힌 판결 직후 한국 정부도 '정부는 이 재판에 관하여 개입하지 않겠다'고 선언한 거예요. 그러다가 또 몇 달이 지난 후에 위안부 손해배상을 강제 이행하라는 법원의 명령이 다시 내려집니다. 이 문제는 사법부와 행정부 사이에서, 또 같은 사법부와 행정부 내에서도 엎치락뒤치락하는 문제가 되었습니다. 이번 정치 공부 주제는 국가의 책임과 보호 영역에 대해 따져보는 것입니다.

다른 국가의 전쟁범죄 행위에 대해
처벌을 내릴 수 있을까?

한국의 사법부는 일본의 전쟁 범죄자들을 법정에 세울 수 없다는 판사의 주장은 맞을까요? 그 주장에 반박하는 또 다른 판사의 판결문 내용은 이렇습니다.

국가에 의해 자행된 살인, 강간, 고문 등과 같은 인권에 대한 중대한 침해 행위에 대해 국가면제를 인정하게 되면, 국제 사회의 공동의 이익이 위협받게 되고 오히려 국가 간 우호 관계를 해하는 결과를 야기할 수 있는 점, 어떤 국가가 강행규범(반드시 지켜야 할 국제규범)을 위반하는 경우 그 국가는 국제공동체 스스로가 정해놓은 경계를 벗어난 것이므로 그 국가에 주어진 특권은 몰수되는 것이 마땅하다. …… 1965년 청구권협정으로는 위안부나 강제징용 피해자들을 구제할 수 없으므로

법원이 이들을 보호해야 한다.[22)]

    일제 강점 지배의 불법성은 단지 한국 국민들만 인정하는 것일까요? 일본의 입장에서 보면 합법적인 것일까요? 한 국가가 다른 국가의 주권을 강제적으로 박탈하는 행위, 그리고 그 과정에서 발생한 수많은 피해자에 대해 국제 사회에서는 어떻게 다뤄야 하는 것일까요? 왜 한국 정부는 일제강점기의 범죄자들이나 피해자들의 문제를 아직까지 명확히 해결하지 못하는 것일까요? 일본 식민지배와 관련하여 한국 국가와 정부, 일본 국가와 정부, 그리고 이 두 나라의 국민들과 시민들은 아직도 제각각의 생각과 주장들로 갈라져 있습니다. 이제 안중근 장교의 이야기를 통해 국제 정치에 관한 문제를 조금 생각해보도록 하겠습니다.

안중근 장교가
요청한 국제 군사재판

    안중근 장교에 대해서는 그동안 많은 자료와 책, 문화공연 등을 통해 이미 잘 알고 있다고 생각할 수 있어요. 그렇지만 위인으

---

22) 김종성, 「반전에 또 반전, 법원 판결 조목조목 따진 명쾌한 법원 판결」, 오마이뉴스, 2021년 6월 16일자 기사에서 발췌.

로 추앙받으면 받을수록 실제로 그 사람에 대한 관심도가 떨어지는 경향이 있지요. 우리는 안중근을 용감한 독립투사 정도로만 생각하고 그의 삶을 칭송합니다. 하지만 안중근이 살아 있었을 당시에도 한국의 국민들이 칭송했을까요? 아닙니다. 안중근이 이토 히로부미를 저격했을 때 한국의 언론들과 국민들은 안중근에 주목하기보다 이토 히로부미에 더 주목했습니다. 안중근은 단순 테러범이나 살인자로 취급당했으며 이토 히로부미의 장례를 위해 국민적인 모금을 하자는 한국인들도 적지 않았지요.

안중근 역시 자신의 행동이 단순 테러나 개인적 원한에 의한 살인 행위로 취급되는 것을 알고 있었습니다. 그렇기에 그는 더욱 강하게 주장합니다. 자신은 한국의 장교이며 자신의 행동은 사사로운 원한 관계에 의한 행동이 아니라 불법 행위를 저지르고 있는 일본 정치인에 대한 한국 장군의 처벌 행위이니 자신의 행위를 국제 군사재판 법정에서 다뤄야 한다고 말입니다.

이토 히로부미는 1907년 고종을 불법적으로 폐위시켰을 뿐 아니라 비밀 각서를 작성하여 한국 정부로 하여금 일본 통감의 지휘와 승인을 받게 하고 일본이 추천하는 관리를 뽑도록 하였으며 한국 군대도 해산시켜버렸습니다. 일본에 의해 강제로 해산된 한국의 정부와 군대, 행정관리 체계의 핵심 인물이 바로 이토 히로부미였던 거예요.

안중근의 이토 히로부미 처벌 사건이 누구에 의해 어떤 방식으로 사법 처리가 되어갔는지 더 구체적으로 살펴볼게요. 이 처리 과정을 살펴보면 당시 국제 정치의 모습을 조금 이해할 수 있습니다. 이토 히로부미가 처벌되자 곧바로 하얼빈 행정구역 책임자였던 러시아의 검찰이 안중근을 취조하기 시작합니다. 그리고 그 곁에는 재판관할권 문제로 일본 총영사관 서기도 초청됩니다. 조금 후 재판관할권이 일본으로 넘어갑니다.

러시아가 일본에게 재판관할권을 넘겨준 것은 맞는 것일까요? 러시아는 국제법을 위반하는 불법적인 조치를 취한 것입니다. 국제법을 어기면서까지 러시아는 일본에 힘을 실어준 것입니다. 재판관할권을 넘겨받은 일본은 이 문제가 가장 사소하게 처리될 수 있도록, 즉 커다란 국제적 반향을 일으킬 정치적 사건으로 번지지 않도록 단순 잡범 살인사건 처리 방식처럼 만들어요. 재판도 한국이나 일본, 만주 등이 아닌 일본 점령지인 중국 뤼순 지방법원이 담당하도록 결정합니다. 한국인들뿐 아니라 국제적으로 양심이 있는 시민들의 관심으로부터 철저히 차단해버린 거예요.

정치적으로 중요한 사건을 우연적이고 개인적인 문제로 축소하고 은폐하려는 시도는 일본 식민지 지배 정치인들뿐 아니라 이후에 친일본적 정치 악습을 이어받은 한국의 독재 정치인들도 자주 사용하였습니다. 양심 있고 상식적인 시민들에 의해 만들어지는 공적 분노는 그러한 사람들의 잘못된 악습을 완전히 없애지는 못해도 줄일 수는 있어요.

정치적 문제를 정치적으로 대하는 태도는 매우 중요합니다. 안중근 장교가 자신의 일을 국제 군사재판에서 다룰 것을 강하게 요구한 것은 자신의 일이 갖고 있는 정치적 상징성을 잘 이해하고 있었기 때문입니다. 그 당시 러시아가 그토록 무심하게 이 사건을 일본 마음대로 처리하게 내어준 것이 그 일을 얼마나 그르치게 한 시작이 되었는지, 그 당시 일본이 얼마나 교활하게 일을 처리했는지 지금 우리나라 사람들은 충분히 알아둘 필요가 있습니다. 정치-시민이 깨어 있지 않는 한 잘못된 역사는 반복되니까요.

안중근 장교의
국제 정세 인식

안중근 장교가 중국의 뤼순 감옥에서 쓰다가 마치지 못한 『동양평화론』에는 국제 정치에 대한 그의 식견이 고스란히 들어 있습니다. 그는 말했어요. 1904년 일본이 러일전쟁 선전포고문에서 "한국의 독립을 공고히 하려 한다"고 말했음에도 러일전쟁 승리 후에는 그와 정반대로 한국에 대한 일본의 우월적 권력을 조약으로 집어넣은 것은 명백히 국제적 신뢰를 해치는 불법적 배반 행동이라고 말이에요. 그런 약속 위반은 일본의 선전포고문의 내용만을 믿고 일본이 러시아를 무찌를 수 있도록 도와준 한국과 청나라를 배신한 행위라는 거예요.

그런데 이 부분에서 나는 당시 한국과 청나라가 일본에 대해 너무 순진하게 대처한 게 아닌가 생각해요. 그때는 이미 일본의 한국 침략 행위가 노골적으로 진행되고 있던 시점인데, 일본이나 청나라 같은 외국 세력에 대해 강경한 방어의 태도를 천명하고 있던 동학교도들의 저항에 대해서도 오히려 적대적인 모습을 보이면서까지 일본이나 청나라를 신뢰한 게 적절한 것이었을까요? 오히려 보국안민을 위해 떨쳐 일어난 동학교도들과 힘을 합쳐 일본의 힘을 약화시키기 위해 노력했어야 했어요. 안중근 장교의 사건도 최대한 일상 잡범 살인범이 아니라 정치적 문제라는 것을 일찌감치 간파하고 그렇게 소홀히 대처하지 않았어야 합니다.

사실 안중근은 그의 부친과 함께 동학군과 무력으로 맞서 싸운 경력이 있습니다. 천주교 신자였던 안중근이 한국의 독립을 그토록 갈망하고 직접 무장투쟁으로 나섰음에도 불구하고 그가 일본이나 청나라 그리고 러시아와의 국제 정치 질서에서 한국이 일본을 도와 러시아를 몰아내면, 그 부산물로 한국의 독립을 보장받을 수 있다고 생각한 것은 순진해 보입니다. 어쩌면 그는 서양 국가들만의 법인 만국공법을 동아시아 국가들에게도 적용할 수 있으리라 기대했을지도 모릅니다. 안중근 장교는 만국공법의 문제를 이미 알고 있었을 텐데도 여전히 일본이 동아시아의 평화를 위해 무력 지배의 야심을 포기할 거라는 일말의 희망을 가졌던 것 같아요. 이토 히로부미라는 강경파 침략주의자를 처벌하고 그를 통해 동아시아의 여론과 서양 사회의 여론을 환기해 한국의 독립을 회복할 수 있는 계기로 삼으려 했던 것인지도 모르고요.

안중근 장교가 이토 히로부미를 처벌하면서 일본의 불법적 지배 행위들을 폭로하였을 때조차도 한국의 여론이 오히려 이토 히로부미에게 쏠렸다는 것은 그만큼 이미 한국 내에 친일본 정치 세력의 목소리가 높아져 있었다는 것을 반증합니다.

안중근 장교가 한국 법정에서 재판을 받지 못했다는 사실은 한국이 사법적 권한을 완전히 박탈당했음을 반증합니다. 일본인이 아니라 한국인이 한국의 사법 관리로 일하고 있었을 텐데도 한국인을 재판하지 못했던 것입니다. 안중근은 자신을 한국의 군인으로서, 국제법을 어긴 일본인을 처벌한 행위로, 국제법을 다루는 국제 군사재판으로 다뤄지기를 강력하게 요구했지만 당시의 러시아나 청나라, 한국은 일본이 재판을 독점적으로 맡아 처리하는 것을 막지 않았습니다. 심지어 친일본 정치 세력은 그를 외면하면서 오히려 이토 히로부미에 동정적이고 그에게 협력했던 것입니다.

안중근 장교의 동양 평화 구상에는
중요한 원칙이 있다

안중근 장교는 사형되었고 그의 유해는 실종되었으며, 동양 평화에 대한 그의 구상은 미완성으로 남게 되었지요. 하지만 오늘날 한국과 관련된 국제 정치가 작동하는 방식을 생각해보면 안중근이 시도한 동양 평화의 정치적 구상은 계속 발전시킬 필요가 있습니다. 물론 나는 그가 천주교 신자나 유교 집안 출신으로 동학교도들에 대해 가졌던 편견이나 일본에 대해 가졌던 순진한 기대는 이제 바뀌어야 한다고 생각해요. 하지만 안중근 장교가 추구하려 했던 평화 논의에는 중요한 원칙이 있다고 생각합니다.

안중근 장교가 동양 평화라는 용어를 굳이 사용한 것은 이토 히로부미가 요란하게 외쳐대던 '동양평화론'의 불법적 폭력성을 고발하기 위한 것이에요. 지금도 그렇지만 누구나 자유라든가 세계 평화나 동아시아의 평화라는 용어를 남발하며 그 속에서 은근슬쩍 특정한 이익이나 힘을 옹호하는 정치 세력들의 나쁜 습관이 계속되고 있잖아요. 그래서 국내에서나 국가들 사이에서나 이런저런 정치적 협력 관계가 맺어질 때는 이런 오염된 용어들 이면에 감추어진 채 은밀하게 작동하는 사악한 힘들과 나쁜 의지들을 냉정하게 간파해낼 필요가 있습니다.

안중근 장교의 『동양평화론』에 따르면, 동양의 평화는 반드시

각 국가의 주권적 독립성에 기초해야 합니다. 각 국가 중에서 특정 한두 국가의 압도적인 영향력이나 강제적 무력에 기초한 동양의 평화는 결코 평화가 아닙니다. 그것은 강요된 침묵이고 강요된 질서에 불과하지요.

하지만 국제 정치 관계는 어느 한두 국가의 지배적 힘에 기초한 강요된 침묵과 강요된 질서를 여전히 갖고 있는 듯해요. 예전에 힘을 갖고 있던 국가들이 다시 군사적 힘과 정치적 힘을 키워가는 모습도 분명히 보이고요. 그런데 우리나라의 정치인들은 다른 나라들이 제멋대로 침입해 들어오고 우리의 국가적 주도권을 침해하도록 내버려두면 안 된다는 것을 명심하고 있을까요? 아니면 여전히 힘 있는 다른 나라들에 의존해서 문제를 해결하려는 반국민적이고 친외국적인 짓을 또 반복하려고 할까요?

현실에는 이 두 가지 힘이 여전히 충돌하면서 더욱 힘을 키우는 모습이 보입니다. 동양의 평화를 위해 가장 중요한 원칙이 각국가 간의 주권적 독립성이라는 점을 안중근 장교는 강조했는데요. 이 점은 그때나 지금이나 항상 중요한 기본 원칙입니다. 그리고 이러한 원칙이 실제로 현실에서 지켜지도록 하는 길은 한 국가 내 국민들의 입장에서 그들의 이익을 보호하고 지원하려는 정치 세력이 많아지도록 하는 것입니다. 제2, 3의 안중근 장교보다제2, 3의 이토 히로부미를 더 응원하는 어리석은 짓은 이제 그만

두어야 합니다.

주권 국가는
누구를 보호하고 지원해야 하는가?

일본의 한국 식민지 지배 문제에 대한 국제적 인식은 오늘날 어떻게 달라져 있을까요? 한국 정부와 국가는 일본 강점의 불법성을 일관되게 주장해왔을까요? 그리고 한국을 둘러싼 국제 사회가 일본의 식민 지배 불법성에 정치적, 경제적 책임을 지도록 이끌어가고 있을까요?

앞의 재판 판결을 보면 불행하게도 그렇지 않다는 것을 알 수 있습니다. 이 불행한 현실은 일제강점기에 온갖 혜택과 이익을 누리며 한국의 독립운동 세력을 외면하거나 그에 대해 무심했던 사람들, 그리고 그 사람들의 후손들로 통칭되는 친일본 정치 세력들에 대해 국가와 정부가 법적 조치를 취하지 않은 데에도 큰 책임이 있습니다.

국가와 정부는 책임져야 할 것을 책임져야 하며 보호하고 지원해야 할 것을 보호하고 지원해야 하는 조직입니다. 그런데 국가와 정부가 책임지거나 보호하며 지원하는 대상이 다른 나라의 이해관계만을 반영하는 특정 집단이나 특정 세력에 치우친다면 그것은 사이비 국가, 즉 국가와 국민을 팔아 제 잇속을 챙기는 매국 정부일 뿐이지요.

일제강점기 동안 일본 국가와 정부, 군대와 기업에 의해 자행된 온갖 불법적 행위들을 '여전히' 폭로하는 사람들이 있습니다. 젊은 사람들에게는 이 문제가 '단지' 오래전의 이야기, 극소수 피해자들의 이야기로만 보일 수 있습니다. 그렇기 때문에 그들은 역사상 한 국가가 불법적으로 다른 국가를 수십 년 동안 폭력으로 지배하면서 저지른 수많은 불법적 행동을 묵인하려는 일부 정치인들이나 일부 여론 형성자들의 시각에 무심코 동조하기도 합니다.

그러나 일제강점기 동안 저지른 일본의 불법적 행동들을 처벌하는 것은 특정 피해자들을 위한 것에 그치는 것이 아닙니다. 지금 현재를 살고 있는 우리 국민 모두를 위한 것입니다. 이 일이야말로 하나의 국가 공동체를 이루는 국민을 대표하여 그 국민의 권력과 뜻을 위임받은 국가와 정부가 마땅히 해야 할 일입니다. 그런데도 일본의 전쟁범죄 관련 재판들이 여전히 엎치락뒤치락하고, 그에 덧붙여 정부가 특정 한쪽 재판 결과를 지지하는 태도까지 노골적으로 드러내는 것은 매우 통탄할 일입니다.

국가는 누구를 책임지고 보호하며 지원해야 할까요? 한 국가의 국민이 기본적인 인권을 다른 국가 세력에 의해 침해받았을 때 그것을 막아내야 하는 것이 국가의 의무입니다. 그 방법이 반드시 전쟁을 통해서 싸워야만 하는 것도 아닙니다. 일상적 시간

속에서 끊임없이 벌어지고 있는 인권 침해 행위를 국가와 정부가 방치하거나 묵인한다면 그러한 국가와 정부는 대표성을 이미 상실한 것입니다.

한국의 정치-시민운동의 흐름

개화기 동학혁명, 해방 이후 반독재투쟁과 촛불시민투쟁

한국의 정치-시민운동의 흐름에서
특히 주목할 시기가 있다

한국에서 정치-시민운동의 출현 시점을 언제로 보아야 할 것인가에 관해서는 여러 견해들이 있습니다. 정치-시민성에 대한 바른 깨달음에 기초한 사회적 실천이 바로 정치-시민운동이기 때문이에요. 이때의 정치-시민성에 대한 바른 깨달음이라는 것은 두 가지로 설명될 수 있습니다. 하나는, 각 개인이 자신이 속한 사회 공동체에 대해 어떤 대우와 대접을 받아야 하는가에 대한 바른 주권의식이고 다른 하나는, 그 개인들이 그 공동체의 다른 사람들을 어떻게 대해야 하는지에 대한 연대의식입니다.

정치-시민이 갖춰야 하는 이 두 가지 의식은 자기 삶에 대한 권리, 타자의 삶에 대한—적절한 존중, 공동체 내에서의 자기 삶에 대한—적절한 자각, 공동체 사회의 운영 원리에 대한 참여와 이해 능력이 상호작용하면서 계속 새롭게 개선되어갑니다.

신분 차별폐지와
국가 주권을 강조한 동학혁명

여러분은 정치-시민운동의 시작으로 3.1운동을 떠올릴까요? 하지만 나는 동학혁명부터 살펴보는 게 좋지 않을까 생각해요. 안중근은 독실한 유학자 집안에서 자랐기 때문에 그의 아버지가 의병운동에 나설 때 함께 따라나섰습니다. 그런데 양반 출신 의병들은 한편으로 외세에 대항하였지만 그들 중에는 신분 차별폐지를 주장하는 농민들의 주도로 진행되는 동학혁명에 찬성하지 않는 사람들이 있었습니다.

우리는 보통 신분 차별 금지 운동이 미국 기독교 선교사들에 의해 우리 땅에 이식되었다고 생각합니다. 물론 일제강점기에 수많은 기독교인이 자기 삶과 종교 활동을 통해 신분과 계급 질서, 남녀 차별 등을 철폐하는 데 헌신했어요. 하지만 이전부터 이미 우리나라에서 유교 교육을 충실히 받은 사람들이나 불교 교육을 충실히 받은 사람들에 의해서도 그런 평등 의식이 있었습니다. 동학운동은 그러한 유교-불교의 전통이 담긴 신분 차별 금지 및 국권 회복 운동이었습니다.

동학운동가들은 국가의 무력도발 금지, 정부군과 외국군의 협력으로 자국민을 탄압하는 행동 금지, 경제적 양극화 금지와 낡은 신분 제도의 혁파와 같은 주장을 내걸고 신분의 차이를 넘어 수많은 사람에게 지지와 지원을 받으면서 전개되었습니다. 그러나 모든 정치-시민운동이 그렇듯 동학운동 내에도 다양한 입장들이 있어서 수십 년 후에는 종교적 이념과 정치적 실천 방법을 두고 그들 사이에서도 의견의 불일치가 생깁니다.

그들 내에서 종교적 측면과 정치 실천 측면의 분열이 생기면서 동학은 당시로서는 선진적 종교 제도였던 기독교를 따라 현대적 종교 시스템인 천도교로 변화합니다. 정치적 저항투쟁으로 발전된 농민군은 결국 외국군의 지원을 받은 정부군에 격파됩니다. 하지만 이후에도 동학의 영향력은 계속됩니다. 3.1운동의 중심 세력 중 가장 많은 수를 차지한 사람들은 기독교인과 동학교도였고, 이들 중 많은 사람이 해외에서도 계속 독립자금을 모으고 지원하는 등 적극적인 시민운동을 벌였습니다. 또한 동학교도 중 많은 사람이 자연스럽게 기독교인으로 개종했지요.

나는 동학의 종교적 이념이나 정치적 실천을 생각해볼 때 지금보다 훨씬 많이 주목할 필요가 있다고 생각해요. 인간을 하늘과 같은 존재로 생각했다는 점(인내천), 그리고 그것은 특별히 잘

난 소수에 국한되는 것이 아니라 모든 사람에게 그런 하늘의 속성이 있으니 사람을 대할 때 하늘과 같이 대해야 한다는 점(사인여천), 사회적 차별을 극복할 것을 주장했다는 점(동귀일체)입니다. 그러나 동학이 천도교(종교적 실천)와 농민군(정치적 실천)으로 분화되면서, 이러한 건강한 동력이 무참히 진압되거나(정치적 좌절) 종교화되어 결과적으로 기독교 사회운동에 가려졌다(종교적 변화)고 볼 수 있습니다.

1970년대~1980년대
반독재 투쟁의 소중한 전통

해방 후 한국의 정치-시민운동 중 특히 주목해야 하는 것은 1970년대~1980년대 청년 학생들과 양심적 지식인과 노동 계층에 의해 주도된 반독재투쟁, 그리고 2000년대 이후의 촛불시민투쟁입니다. 그런데 이 두 정치-시민운동은 사회경제적 배경에서 다소 차이가 있어요.

1970년대~1980년대에 대학생 신분이 된다는 것, 혹은 양심적 지식인이나 극한의 열악한 노동 조건에서 살아간다는 것은 매우 특별한 의미가 있었습니다. 여러분이 동대문디자인플라자(DDP) 뒤편에 있는 작은 박물관에 가보면 예전 동대문운동장의 사진들을 볼 수 있을 텐데요. 그 사진들 속에는 고교생들이나 대학생들의 문화체육행사가 그 자체로 전 국가적 행사가 되고 한 나라의 문화적 화젯거리가 되고 있다는 것을 알 수 있습니다. 대학생들의 연극행사가 전국 순회공연을 하고 열화와 같은 환영을 받습니다.

1970년대~1980년대의 대학생들이나 교수들, 종교인들은 사회의 양심을 대표하는 사람들이었습니다. 그들 중 적지 않은 사람들이 자신이 받은 사회적 혜택에 미안해하거나 고마워하고 어떻게든 사회에 돌려주려 노력한 사람들이었습니다. 그러나 일부 정치계로 진출한 사람들을 제외하면, 대다수 젊은이들은 수많은 정치적 침해를 받거나, 사회적으로 고생과 고난의 길을 겪어야 했습니다. 그들 중에 기억되지 않는 사람들도 매우 많습니다. 마치 독립운동가들이 그러했듯이 말입니다.

대학생들이나 양심적 지식인들뿐 아니라 중고학생들, 극한의 어려운 노동 조건에서 일한 노동 계층의 사람들이 반독재운동에 뜻을 함께하고 그를 위해 삶의 중요한 시간들을 아낌없이 바쳤습니다. 그래서 이 시기의 정치-시민운동은 반독재투쟁과 함께 사회적 차별과 경제적 차별, 정치적 문제들에 대해 함께 해결하려는 연대의식이 있었어요. 이러한 모습은 오늘날 우리가 정치-시민운동을 이어가는 데 매우 소중한 전통이 될 거예요. 이들은 자신의 신념과 행동이 삶과 괴리되지 않았거든요. '내로남불'의 모습, 유체

이탈의 모습 같은 모순적 태도는 적어도 이 시기에는 많지 않았습니다.

2000년대부터 계속되고 있는
촛불시민투쟁의 정신

2000년대 이후의 촛불시민투쟁은 이전과는 사회경제적 조건이 매우 달라진 상태에서 벌어진 정치-시민운동입니다. 이 시기에는 대학생들의 목소리가 학교 내에서 벌어지는 긴급한 문제라 해도 좀처럼 호응을 얻기 어려웠으며, 정치-시민을 자처하는 수많은 사람이 점차 명분과 이익 사이에서 일관되지 못한 분열된 모습을 보이기도 합니다. 양심적 지식인이나 사회 원로 같은 이미지는 점차 예전과 같은 힘을 발휘하지 못하고요.

그런 냉담한 분위기가 만연해지고 있어도 꾸준히 제기되는 몇 가지 중요한 문제들이 있었습니다. 친외세 친독재 부패 언론의 문제, 국민의 생명과 안전을 위협하는 문제, 학교 비리와 공직자 비리를 바로잡는 문제, 재벌 경제인들의 뇌물 비리 문제 등의 사안들이 전 국민적 공감과 공분을 불러일으키면서 촛불시민투쟁으로 발전합니다. 이런 투쟁은 소수가 주도하는 조직적인 모습이라기보다는 분노한 시민들이 광장에 쏟아져 나오면서 그들의 자발적 참여와 창의적 발언들과 시위 참여 문화가 돋보이게 됩니다.

이제 한국의 정치-시민운동은 몇 가지 과제를 갖게 되었습니다. 공적 사안에 대한 공적 관심이 사사로운 이해관계에 의해 가려지지 않도록 하는 문제, 지속 가능하고 지치거나 분열되지 않는 건강한 조직적 대응 문제, 다양한 문화적 창조 활동으로서의 집회와 시위 형식의 문제 등입니다.

지금 우리 사회는 전반적으로 각자도생하는 분위기, 생존의 위협을 받는 분위기가 만연해지고 있습니다. 경쟁이 더욱 치열해지고 각자가 느끼는 어려움의 정도가 다른 사람들에게 예전처럼 쉽게 공감되거나 연대의 실천을 보장하기 어렵게 되었지요. 모두가 '내 코가 석 자'가 되는 생존의 위협도 예전보다 커졌습니다. 그래도 나는 한국의 정치-시민운동이 또 새로운 길을 찾아내지 않을까 생각합니다. 결국 모든 것은 사람이 하는 일이니까요. 새로운 시대에 맞는 새로운 주체들에 의한 새로운 방식의 정신이나 각성, 그리고 신선한 실험들이 모색되고 있다고 생각해요.

공익적 정치 참여를 위한
최소한의 평등 원리

공익적 정치 실천의 기초

존중에 대한 요구와
평등에 대한 요구

전 세계적으로 빈부 격차는 큰 정치적 논란을 불러일으키는 문제들 중 하나인데요. 경제적 빈부 격차의 심화는 정치적, 문화적 불평등과 차별을 악화하고 굳어지게 만듭니다. 현재 각 국가는 이 문제에 대한 정치적 해결을 위해 다양한 제도적, 법적 방안들을 강구하고 있지요. 하지만 정치적 해결 방안을 구체적으로 이끌어내기 전에 우리는 먼저 이 문제가 평등에 대한 뿌리 깊은 고정관념과 편견에 의해 계속 유지되고 있다는 것을 명심할 필요가 있습니다.

미국 윤리철학자 프랭크퍼트는 존중받지 못하거나 무시당할 때 어떤 기분이 드는지 다음과 같이 말하고 있어요.

> 어떤 사람을 존중하지 않는다는 것은 그의 고유한 특성이나 상황에서 어떤 측면이 해당 문제와 관련이 있다는 사실을 무시한다는 뜻이다. …… 그에게 주어져야 할 적절한 존중이 주어지지 않는 것은 곧 그의 존재 자체가 축소되는 것과 같다. 이런 대우는 결과와 관련 있을 경우 당연히 고통스러운 분노의 감정을 불러일으킬 수 있다 …… 어떤 사람의 삶에서 중요한 요소들이 아무것도 아닌 것처럼 취급될 경우, 그 사람은 당연히 그런 취급을 자신의 존재에 대한 공격으로 느끼기 때문이다. 무시당하는 경험―진지하게 취급받지 못하거나 중시되지 못하거나 타인들에게 자신의 존재감을 느끼게 하지 못하거나 자신의 목소리를 듣게 하지 못하는 경험―은 큰 충격일 수 있다.[24]

프랭크퍼트는 한 인간이 다른 사람에게 존중받지 못할 경우 어떤 존재적 상처를 받게 되는가에 대해 말하고 있습니다. 현대 사회는 무한 경쟁의 획일적 사다리와 줄 세우기 서열문화에 개인들이 무자비하게 노출되어 있지요. 많은 사람이 자신의 직장에서,

---

24) 해리. G. 프랭크퍼트, 「문제는 불평등이 아니라 빈곤이다」, 안규남 옮김, 아날로그, 2015, 89쪽.

사회조직에서 투명인간 취급을 받고 있습니다. 그들은 인간으로서 살아가기 위한 최소한의 경제적 보장을 받지 못하며 살고 있고 인간으로서 존중받지 못하고 있습니다.

프랭크퍼트는 전 세계적인 경제적 빈부 격차와 맞물려 불평등에 대한 분노와 저항, 평등에 대한 의식이 광범위해지고 있다고 말합니다. 하지만 프랭크퍼트는 '존중에 대한 요구'와 '평등에 대한 요구'는 엄연히 서로 다르다고 말해요. 존중에 대한 요구는 정치적인 해결이 가능하지만 평등에 대한 요구는 그럴 수 없다는 거지요. 그의 말을 더 들어볼까요?

___ 우리 삶에서 평등에 대한 요구는 존중에 대한 요구와 매우 다른 의미를 갖는다. 자신을 평등하게 대우해야 한다고 주장하는 사람은 자신의 현실적 조건과 부합하고 자신의 이해관계와 필요를 가장 적절하게 실현해줄 수 있는 것보다는 타인들이 가진 것에 기초해 자신의 요구를 계산하는 것이다. …… 타인들과의 평등에 대한 관심은 그들로 하여금 자신의 진정한 꿈을 인식하지 못하게 하는 경향이 있다. 진정한 꿈은 타인들의 생활 조건이 명하는 것이 아니라, 자기 자신의 삶의 특징에서 나온다. …… 평등주의적 목표의 추구가 종종 강력한 정치적, 사회적 이상들을 촉진하는 데 실질적으로 큰 쓸모가 있음은 두말할 필요 없이 분명한 사실이다. 그러나 세상에 널리 퍼져 있는 평등이 그 자체로 중

요한 도덕적 이상으로서 근본적 가치를 갖고 있다는 믿음은 틀렸을 뿐만 아니라 정말로 근본적인 도덕적, 사회적 가치를 지닌 것들을 알아보지 못하게 만드는 장애물이다.[25]

프랭크퍼트는 극한적인 경제적 빈곤 상황에서 인간으로서 존중받지 못하는 사람들이 저마다 평등을 외치는 일이 그들 자신에게 근본적인 도덕적, 사회적 가치를 알아보지 못하게 만들고 그저 남과 같아지는 것, 남들과 평등해지는 것만을 요구하게 된다고 말하면서 문제를 지적합니다. 그저 남과 같아지려고만 하면 그것은 끊임없는 비교와 경쟁을 낳을 뿐이고 자신의 고유한 가치를 실현하는 것을 보장하는 것은 아니라는 것입니다.

영국 사회운동가
윌리엄 모리스가 강조한 것

윤리철학자로서의 프랭크퍼트의 말은 일리가 있습니다. 하지만 정치 참여, 정치 실천의 면에서 보면 그의 말은 아쉬운 면이 있어요. 평등에 대한 요구는 상대적 요구, 타인 의존적 요구에 불과한 것이 결코 아닙니다. 오히려 평등에 대한 요구는 모든 인간 존재가 갖고 있는 절대평등성에 기초한 것입니다. 사회경제적 평등, 정치적 평등의 구체적 내용에서 이러한 절대평등권이 훼손되고 있다면 당연히 그러한 제도나 관행은 고쳐져야 할 것입니다.

19세기 영국의 예술가이면서 자본주의의 문제를 지적하고 사회운동가로서 글을 썼던 윌리엄 모리스는 현대 자본주의 사회에서 노동하는 인간들의 존중과 평등이 점차 악화되고 있다고 생각했습니다. 그는 인간에게 노동이 갖는 본래 의미를 다음과 같이 이야기하고 있어요.

> 작업 중의 인간은 자신이 그것을 작업해가고 있고 그것이 있어야겠다고 의지하기에 존재할 것이라고 느끼는 무엇인가를 만들면서, 육체뿐만 아니라 정신과 영혼의 에너지를 발휘하고 있는 것이다. 기억과 상상력이 그가 작업할 때 돕는다. 그 자신의 사유뿐만 아니라 과거 시대 인간의 생각이 그의 손을 이끈다. 그리고 인류의 일원으로서 그는 창조한다. 그렇게 일한다면 우리는 사람이 될 것이며 우리의 나날은 행복하고 변화무쌍한 것이 될 것이다.[26]

윌리엄 모리스의 말대로 우리는 누구나 일을 할 때 자신의 존재감과 일의 결과물에 대해 귀한 활동을 하고 있다는 것을 명심

---

25) 해리. G. 프랭크퍼트, 『문제는 불평등이 아니라 빈곤이다』, 안규남 옮김, 아날로그, 2015, 89쪽.
26) 에드워드 파머 톰슨, 『윌리엄 모리스 2』, 엄용희 외 옮김, 한길사, 509쪽.

해야 합니다. 하지만 현실에서 일하는 우리 모두가 그렇게 느끼지는 못하고 있어요. 급여를 받고 일하는 사람들은 자신의 일자리가 남에 의해 결정되는 것을 감내해야 하고, 자신이 일할 때도 항상 회사의 이익을 더 많이 내도록 강요받기에 일 그 자체에 창조적으로 몰입할 수 없는 때가 많습니다.

정치적 평등은 공익을 지키려는 최소한의 원리이다

극심한 임금 격차와 고용의 불안정성, 능력과 실력을 빙자한 무한경쟁과 서열문화 속에서 정치적 평등을 말하는 것은 공동체의 개인들 모두의 공익을 지키려는 최소한의 원리입니다. 그것은 자본과 정치의 독점적 질서 속에서 무한한 이익을 누리고 있는 사람들에게 직접 경종을 울리는 원리입니다. 자본 소유의 힘, 정치적 권력의 힘을 이용해서 자신의 이익을 배타적으로 재생산하는 시스템을 고발하는 원리이기도 합니다.

그런데 한 집단이나 한 조직의 정치적 지배와 독점이 아무런 이의 제기 없이 계속 유지되는 데에는 그러한 지배와 독점을 합리화하고 정당화해주는 지식인들의 협력 없이는 불가능합니다. 그리고 이들 지식인들은 대부분 선한 얼굴로 정치적 불평등을 일시적으로 가리는 시혜와 자선을 베푸는 것을 독려합니다. 한 법률가는 이러한 모습을 다음과 같이 지적하고 있어요.

___ 상대적으로 취약한 지위에 있는 자에 대한 차별은 불이익 처우로도
나타나지만 특정한 이익 처우로 나타나기도 한다. 특정 집단에 대한
편견과 고정관념을 강화하는 방식의 배려나 지원은 오히려 그 집단이
어떻게 왜 취약한지 차별적 상황을 증명한다. 고정된 편견에 부합하여
얻은 특혜는 언제든 불이익으로 돌변한다. 차별은 악독한 얼굴만 갖지
않는다.[27]

거대 자본과 소수 정치가들에 의해 일방적으로 추진되는 지
배 시스템하에서는 일시적으로 일부의 사람들을 선발해서 이런
저런 시혜적 차원의 지원이 이뤄지기도 합니다. 하지만 이런 방식
의 지원은 지속 가능한 것도 아니고, 무엇보다 외부로부터 주어지
는 수동적인 것입니다. 그런 일시적 지원 행위는 잠깐은 불평등한
지배구조에 대한 분노와 저항을 무력화시킬 수는 있어도 얼마 못
가서 또다시 공적 분노와 공적 저항을 불러일으키게 되지요. 불
평등한 조건에 처해 있는 사람들끼리 작은 혜택을 놓고 서로 끊

---

27) 백소윤, 시사IN, 2021년 6월 23일자 기사 중에서 발췌.

임없이 경쟁하게 만들기도 하고요. 이런 임시적 조치들은 결코 참된 존중과 평등에 기초한 것이라고 할 수 없어요.

현대 정치는 더 이상 인간 노동의 사회적 가치가 왜곡되는 것을 외면해서는 안 됩니다. 현대 사회가 소수 거대 자본이나 정치가들의 배타적 지배 문제를 더 이상 방치해서도 안 됩니다. 정치 참여와 정치 실천에서 평등은 가장 기본적이며 기초적인 원리입니다. 우리가 한 국가의 정치 발전 척도를 생각할 때 표준으로 삼는 OECD나 노동존중지수를 생각할 때 표준으로 삼는 ILO 같은 국제조직의 지표들은 우리의 현재 모습이 어느 정도에 와 있는지 생각해볼 수 있는 최소한의 기준이 될 수 있습니다. 그것은 현대 정치가 지향해야 할 인간 존재의 기본적 원리, 최소한의 지점을 말해주는 것이기에 여전히 유익합니다.

정치적 중용 정신을 실천하는 사람들

김장하 선생의 형평성과 오우크쇼트의 정치적 시의적절성

이번 정치-시민 되기 연습은 평등 혹은 공평함에 대한 것입니다. 동서양의 정치사상 중에서 많이 탐구된 주제들 중 하나는 중용이라는 개념이었어요. 우리는 이번 연습을 통해 우리가 살펴볼 정치적 중용 정신의 의미를 잘 깨닫고 자신의 삶을 통해 실천한 사람들의 삶과 말 등을 통해 알아볼 거예요.

정치적 중용은 기계적 중립이나
무관심이 아니다

2023년은 일본 간토대학살 100주년이 되는 해였습니다. 1923년 일본은 관동대지진의 혼란을 무마시키기 위해 조선인이 우물에 독을 탔다는 등 황당무계한 거짓 소문을 퍼뜨리면서 무차별적으로 조선인 학살 사냥 범죄를 저질렀습니다. 그런데 이런 조선인 사냥 행위는 일본 경찰과 검찰, 군 당국 등 일본 식민지 정부에 의해 방치되거나 오히려 촉진되었어요. 오랜 세월이 지난 이후에, 양심이 있는 일부 일본 시민들과 종교인들을 중심으로 사죄와 추모 행사가 가까스로 지속되어왔는데요, 최근에 일본 정치인들과 극우 선동가들은 또다시 조선인 학살은 없었다는 거짓 소문을 퍼뜨리고 있습니다.

그런데 그들 정치인과 선동가들이 퍼뜨린 거짓 소문에 귀가 솔깃해진 일부 일본인들은 이런 태도를 취합니다. '조선인 학살 사건이 있었다는 의견도 있고 없었다는 의견도 있다. 나는 어느 한쪽에 동조하고 싶은 마음이 없어. 정치적 중립을 지키고 싶거든.' 하지만 이것은 정치적 중립이 아니고 진실을 모른 척하거나 피하는 행위일 뿐입니다. 엄연한 역사적 사실을 부정하거나 은폐하려는 모습은 일본 정치인들뿐 아니라 우리나라의 정치인들에게서도 보입니다.

해방 후 독재 정부는 교사들에게 정치적 중립을 법으로 강요했는데요. 그 관행이 아직도 계속되어서 학교 현장의 교사들은 학생들의 정치적 질문에 제대로 답하는 것을 망설입니다. 자칫하다가 정치적 중립 위반으로 처벌을 받을 수 있기 때문이에요. 이런 잘못된 제도와 관행은 하루속히 없어져야 합니다. 기계적 중립 태도야말로 정치적 무관심이나 무기력을 조장하는 것이고 나쁜 정치적 관행들이 계속되도록 만드는 것이니까요.

진주 백정들의 형평운동과
정치적 중용을 실천한 '어른 김장하'

100년 전인 1923년 일제강점기하에서도 우리나라에서는 인권운동과 신분 차별 폐지 운동이 벌어졌는데요. 신분 차별 폐지 운동을 주도한 사람들 중에 가장 천대받던 계층인 백정들도 있었습니다. 그들은 스스로 '형평사'를 세워서 운동의 슬로건을 내세우고 전국적인 운동의 확산을 이뤘지요. 그들이 내건 슬로건은 간결했습니다.

___ 저울(형)과 같이 공평(평)한 세상을 만들어보겠다.

저울과 같은 공평함이라는 것은 어떤 것일까요? 양쪽의 무게를 동시에 잴 수 있는 접시 두 개를 가진 저울을 상상해봅시다. 양쪽에 물건을 올려놓으면 물건들의 무게 차이 때문에 저울은 평형을 잃고 한쪽으로 기울어집니다. 이때 양쪽이 평형을 유지하도록 하려면 한쪽으로 지나치게 기울어졌을 때 다른 한쪽의 것을 더 무겁게 해야겠지요. 아니면 무거운 쪽이 자신의 무게를 가볍게

하기 위해 덜어내야 하겠지요.

백정들은 자신들에게 가해지는 차별이 지나치게 무겁고, 자신들이 행사할 수 있는 권리가 지나치게 결여되어 있다고 생각했습니다. 마치 동학교도 중 농민들이 자신의 사회적 권리를 주장한 것과 마찬가지입니다. 백정들에 의해 형평운동이 광범위하게 펼쳐진 지 70여 년이 되어갈 무렵인, 1992년에는 형평운동기념사업회가 만들어지고 예전 형평운동의 정신을 잊지 않고 계승하려는 뜻있는 사람들이 있었는데 그 중심에는 한약방을 운영하던 김장하 선생이 있었습니다.

얼마 전 한 기자에 의해 김장하 선생의 삶을 기록한 다큐멘터리 영상물 〈어른 김장하〉가 만들어졌어요. 이 영상물은 수많은 사람에게 진한 감동을 안겨주었답니다. 김장하 선생은 평생의 삶을 통해 실천한 형평 정신을 다음과 같이 담담하게 말합니다.

― 나는 아프고 괴로운 사람들을 상대로 돈을 벌었다. 그 소중한 돈을 나 자신을 위해 함부로 쓸 수 없어 차곡차곡 모아 사회에 환원하기 위해 이 일을 시작하였다. …… 돈이란 똥과 같은 것이어서 쌓아두면 악취가 진동하지만 이것을 밭에 뿌려주면 좋은 거름이 되어 꽃이 피고 열매를 맺게 하듯이 돈도 이와 같아서 주변에 나누어야 사회에 꽃이 핀다.[28]

김장하 선생이 생각하고 실천했듯이 정치적 중용은 현실 세계에서 어느 한쪽으로 돈이 지나치게 기울어져 사회에 악취가 진동하게 될 때 더욱 필요한 정신이 됩니다. 김장하 선생이 실천한 정치적 중용 정신은 겉으로 보면 돈이 많은 사람들이 가난한 사람들에게 물질적 시혜를 베푸는 것과 비슷해 보이지만 그보다 더 깊은 정신에서 나오는 것입니다.

돈을 기부하거나 나누는 행위에는 여러 가지 감추어진 개인적, 집단적 동기들이 있을 수 있기 때문이에요. 그저 한쪽의 돈을 다른 쪽으로 옮겨서 지나치게 돈으로 인한 사회적 위화감이 생기지 않도록 하거나, 개인의 부를 과시하고 홍보해서 자신의 불법이나 탈법적 행위를 숨기려고 사회적 기부를 하는 사람들도 있잖아요.

김장하 선생이 실천한 정치적 중용은 인간 존재와 세상에 대한 더 깊은 안목으로부터 나오는 것입니다. 그것은 모든 존재가 절대평등성을 갖고 있다는 동학의 믿음이나 그보다 더 오래전부터 유교나 불교가 강조한 마음과도 맞닿아 있는 근본정신이에요. 중용은 유교 경전의 하나이기도 했는데요. 중용은 각 개인의 마음속에 들어 있는 중(中), 즉 절대평등성이 세상에서 바르고 온전

28) 김재영, 「형평운동과 이 시대의 진정한 어른, 진주의 김장하」, 서남저널, 2023년 4월 3일자 기사 중에서 발췌.

하게 펼쳐지는 것인 화(和)의 바탕이 되는 것입니다. 중과 화가 바르게 설 때 천지는 제자리로 돌아가고 만물은 꽃이 피고 번영한다고 성리학자들은 믿었습니다. 그래서 덕수궁 큰 문의 이름도 중화전(中和殿)이고요. 왕은 그 아래에 있는 존재, 즉 전하(殿下)가 되는 거예요. 정치적 중용 정신의 뿌리는 우리나라가 수천 년 동안 이어받고 있는 가치인 중과 화의 정신에 있어요.

영국 정치철학자 오우크쇼트가
추구한 정치적 중용 정신

서양에도 이런 정치적 중용 정신을 탐구하고 실천한 사람들이 있었습니다. 영국의 정치철학자 오우크쇼트는 자기 나라 영국의 정치가 어떤 정신을 잃지 말아야 하는가의 문제를 오랫동안 탐구했어요. 영국의 정치 역사를 깊이 분석한 결과 그는 정치에서 중용의 정신이 매우 중요하다는 것을 깨닫게 됩니다. 오우크쇼트는 다음과 같이 말합니다.

___ 정치적 활동 즉 공동체의 공공질서를 돌보는 일이 …… 행위의 중용이라는 원리는 우리가 가진 정치적 기회 중에서 중간 지점을 채굴해 들어가는 덕성이자, 우리 정치적 어휘에서 단어들의 의미를 극한으로 몰아붙이지 않는 역량이다. 균형자는 배가 평형을 유지하는 데에 자신의

몸무게가 도움이 되도록 위치를 바꾸는 사람이다. …… 배가 평형을 유지하기 위해 그때그때 필요한 방향을 보면 그가 거기에 있을 것이다. …… 그는 권력보다는 연약함을 지원할 준비가 더 잘 되어 있다. …… 그는 반대편에 설 때 상대방 입장의 가치를 부인하는 것이 아니라 단지 그 적절성만을 부인할 것이고, 그의 지지는 오직 그것이 시의적절하다는 판단만을 전달한다. …… 행위의 중용을 추구하는 정치를 한마디로 표현하면 적절성의 정치다.[29]

오우크쇼트의 지적에는 귀 기울여볼 만한 점이 충분히 있습니다. 오우크쇼트는 정치적 행위의 중용을 시의적절성의 문제로 해석하고 있어요. 정치라는 것은 파도가 휘몰아치는 바다에 배를 띄워 이리저리 균형을 유지해가며 목적지에 도달하게 하는 기술과 균형감각 같은 것이라고 하지요. 바다 위의 배는 어느 한쪽이 무조건 옳거나 다른 한쪽이 무조건 틀린 것이 아니라 시의적절한가 아닌가의 문제라고 오우크쇼트는 보고 있습니다. 어느 한쪽으로 지나치게 기울어지면 몸을 반대쪽으로 움직여서 평형을 유지하도록 하는 게 정치적 중용입니다. 앞에서 말한 양팔저울의 형

---

29) 오우크쇼트, 『신념과 의심의 정치학』, 박동천 옮김, 모티브북, 2015, 216쪽~220쪽.

평 정신과도 관련 있어 보이지 않나요?

그런데 오우크쇼트의 정치 행위의 중용 정신은 특히 그가 영국 정치인들에게서 흔히 보이는 어떤 태도를 경고하고 있었어요. 그가 보기에 영국 정치인들은 자신의 신념 체계 속에만 갇혀서 자신이 항상 옳기만 하다는 태도를 보였어요. '자신이 틀렸을 수도 있지 않은가?' 특정 신념에 대해 의심할 수 있는 정치인이 필요하다고요. 물론 극단적인 의심은 항상 회의주의로 빠질 수 있지요. 그러나 오우크쇼트가 보기에 극단적인 신념주의자도 극단적인 회의주의자 못지않게 위험한 태도입니다. 배가 적절한 균형을 잡지 못하게 하는 정치적 시의적절성의 결핍이 그들 양 극단주의 모두에게서 나타난다고 그는 생각했습니다.

정치적 중용 정신은
공공선을 바탕으로 한다

그러나 배의 균형이라고 해도 분명한 표준이나 방향은 있게 마련입니다. 정치적 중용 정신의 표준이나 방향은 무엇이 되어야 할까요? 동양이나 서양이나 그것이 공공선과 관련된다고 보는 사람들이 많습니다. 공익적 가치로서의 선입니다. 김장하 선생과 오우크쇼트가 강조하는 정치적 중용 정신은 특정한 시기의 특정한 정치적 이념이나 정당, 정치적 견해를 지지하도록 이끄는 정신과는 반드시 일치하지 않습니다.

　그리고 그 차이를 온전히 이해하기 위해서는 부단한 연습과 시행착오, 단련이 필요합니다. 어떤 때에는 한 발짝 거리를 두고 객관적이거나 중립적이 되는 것처럼 보이기도 합니다. 또 어떤 때에는 전적으로 헌신해서 특정한 활동에 참여하는 것처럼 보이기도 하지요. 중요한 것은 이 연습과 단련을 이끌어줄 수 있는 역사적 사례나 책들이 있다는 거예요. 부지런히 실천하면서도 부지런히 생각해보아야 해요.

　정치 활동의 본질인 공공선의 실현은 계속 진행 과정의 길입니다. 그것은 단순히 선거나 투표를 잘하자는 식의 홍보 활동이 아닙니다. 정치는 공동체를 공공선으로 이끄는 활동이며 그것의 표준과 방향은 외적인 방식이 아니라 그 안 시민들의 활동과 문제의식을 통해 꾸준히 제도화되고 균형을 맞춰온 역사적 활동으로 계속 이어져가는 활동입니다.

오늘날 우리에게
정치는 과연 무엇일까?

　어느덧 우리 정치 공부도 마무리할 때가 되었습니다. 이제 우리는 가장 중요한 지점에 와 있는데요. 오늘날 우리에게 정치는 과연 무엇일까요? 이 질문에 대답하기 전에 편지 하나를 소개할게요. 이 편지는 스웨덴에서 온 것입니다. 스웨덴에 살고 있던 한국의 노학자 한정우 교수는 1999년 한국의 후배 교수에게 『현대 윤리에 관한 15가지 물음』이라는 책에 대한 논평 편지를 보냅니다. 그 편지에서 한정우 교수는 책의 저자인 일본 가토 하사다케 교수의 사고방식이 미국과 유대인 중심주의에 치우쳐 있다는 것, 그리고 오히려 촘스키와 누스바움의 견해가 현대 민주주의 사회에서 바람직한 깨어 있는 정치-시민의식의 모범을 보여준다고 말합니다.

극단적 반유대주의와
극단적 친유대주의

한정우 교수의 편지 내용 일부를 함께 읽어볼까요?

—— 이곳 스웨덴은 상당히 진보적인 나라같이 보이는데, 미국이나 이스라엘 다음가는 친유대인 나라입니다. 출판, 결사, 사상의 자유가 '반유대주의가 아니라'는 한도에서만 인정되기 때문입니다. 히틀러의 『나의 투쟁(Mein Kampt)』의 출판이 금지되어 있고, 도스토옙스키의 『죄와 벌』의 번역 중에서도 유대인을 비판하는 구절은 삭제되어 나옵니다. 국수주의적인(나치즘적인) 결사 회원들의 사진과 경력이 4대 신문에 동시에 대서특필되어 나오며, 그런 회사를 불법화하자는 의견이 대대수입니다. 하기야 세계의 신문, TV, 토론을 유대인 재단이 장악하고 있기는 하지만, 마치 언젠가 좌익투쟁을 불법화한 강한 우익정책 시대를 상기하게 합니다.

좌파와 우파, 좌익과 우익이 수많은 사람의 생각 속에 굳어져서 문화 억압으로까지 되는 게 우리나라만이 아니라 이상적 복지국가로 알려진 스웨덴에서도 나타나고 있네요. 그러나 히틀러의 유대인 학살이 워낙 가공할 만한 전쟁범죄 행위이기 때문에 서방 국가들이 문화적으로 반유대주의를 막고자 하는 노력은 사실 어

느 정도 수긍이 가는 면이 없지 않습니다. 하지만 한정우 교수가
우려하는 것은 또 다른 데에 있습니다. 계속 편지의 내용을 읽어
볼까요?

___ 역사적으로 보자면, 제2차 세계대전의 히틀러의 참사보다는, 아메리
카인들이 인디언들을 거의 몰살시킨 사건이 최대의 집단학살(Genocide)
일 것입니다. 미국에 있는 유대인 학자들 중에는 노암 촘스키처럼 반
체제적인 용감한 사람이 있기는 하지만 대부분이 체제에 협력하는 정
신적인 노예들로 보입니다. 그것이 그들의 철학, 윤리, 인류학 등등의
예로 나타납니다. 촘스키의 책이 나와도 이곳 스웨덴의 일간 대부분은
서평조차 하지 않습니다. 60년대에는 TV에서 크리스마스 때마다 크
리스마스 캐롤을 보내다가, 월트 디즈니의 만화로 재편해서 같은 만화
를 근 20년 계속해서 방송하고 있습니다. 〈베니스의 상인〉을 공연하지
않는 것도 스웨덴이나 미국의 흐름입니다.

한정우 교수가 염려하는 것은 '체제에 협력하는 정신적인 노
예들'의 모습입니다. 한나 아렌트와 같은 유대인 학자들은 유대
인 학살이 평범한 보통 인간들의 정치적 무각성, 노예적 체제 순
응자들 때문에 더욱 가공할 만한 참상으로 치닫게 되었다고 말합
니다. 하지만 그와 똑같은 이유로, 반유대주의를 막겠다고 국가가

공공연하게 일체의 문화적 억압의 힘을 행사하는 것도 문제입니다. 똑같은 이유에서 정반대의 체제 순응자들을 낳는 것이지요. 우리나라에도 최근에 극단적 이념을 옹호하는 정치인들에 의해 또다시 우익과 좌익의 대립을 불러일으키고 있는데요. 이렇게 긁어 부스럼을 만드는 정치인들은 과거에도 그랬듯이 극단적 대립 상황을 이용해 자신의 권력을 유지하려는 목적이 항상 있었습니다.

정치적 극단주의와
스마트한 대강도가 출현하는 시대

그렇다면, 과연 오늘날 우리에게 정치는 무엇일까요? 정치는 나와 의견이 다른 사람이나 집단을 내가 가진 지위나 권력을 이용해서 억압하고 지배하는 무력적 힘의 행사 이상의 것일까요? 위험한 '정치질'이 있습니다. 그것은 '자기에게 불편한 사람을 제거하는 것'으로 권력을 남용하는 것입니다. 만약 그럴듯한 명분이 여기에 덧붙여지면 가공할 만한 폭력으로 나타납니다.

한때에는 오직 '어떤 명분인가'만 두드러지고 그 외의 것은 별로 중요하게 취급되지 않던 시대가 있었습니다. 사실 어쩌면 우리 인류 역사의 수많은 고통의 시대는 모두 다 이런 명분과 실제 현실의 괴리 속에서 자행된 권력, 제어당하고 금지되지 못한 권력들의 횡행 때문이었을 것입니다. 우리가 지금 그토록 자명하게 비난하는 히틀러주의도 당시 독일인들에게는 매우 그럴듯한 명분으로 보였고 심지어 그들은 투표에 의해 히틀러가 이끄는 정당을 합법적으로 승인까지 해주었던 것입니다.

그렇기 때문에 현대 사회에서 정치권력의 행사는 명분 속에 숨겨져 있는 그 권력 주체의 의도나 권력의 실행 과정이 더욱 중요하게 주목되고 감시되지 않으면 안 됩니다. 오늘날 정치를 좌지우지하는 이 숨은 권력의 세력에는 바로 돈의 권력과 지위의 권력의 폐쇄적 결탁 관계가 있습니다. 한정우 교수는 이 권력 시스템에 굴종하고 그를 도와 제 이익을 얻는 지식인들의 이중적인 모습을 다음과 같이 한탄합니다.

―――　얼마 전 의사들이 "인간 복제"를 시험하였다고 이곳 TV에서 자료를 갖고 와서 내가 통역을 해준 바 있는데 소위 연구가, 과학자, 의사 등이 기업적인 이익이나 종교사상 단체의 이익과 결탁해서 지극히 무책임한 직업 행위를 하고 있는 것이 세계적인 경향으로 보입니다. …… 무슨 수단을 쓰든지 돈을 많이 벌어서 그 일부(5%~10% 등)를 소위 자선사업에 투자해서 밥벌이를 시키는 사람이 상당수가 되면 그 사람은 사회적으로 성공한 사람이 되는 것일까요? …… 그것은 자기의 직업 활동이니까 별 도리가 없다고 변명하고 …… 그 일부를 투자해서 자유대학을 만들고, 칼 포퍼가 말한 열린 사회(Open Society)에 기여하는 것이라고 자위

하는데, 윤리적으로 그것은 문제가 되는 것이 아닐까? 만약에 그것이 문제가 될 수가 없다면, 스마트한 대강도가 되도록 자손을 교육해야 할 것이고, 우리나라의 사회교육이 하고 있는 것이 바로 그것일 것입니다.

한정우 교수에 의하면 아무리 범죄 행동을 저질러도 그가 정치적 거물이거나 사법부 고위직이거나 부유한 기업체의 대표라면 풀어주자고 아우성치도록 여론을 조직하는 것은 질 나쁜 지식인들입니다. 그들은 생존을 빌미로 '스마트한 대강도'가 되도록 부추겨지고 있고 또 스스로 자신이 하는 일을 교묘하게 합리화시킵니다.

여전히 용감하게 문제를 제기하는
정치-시민들이 있어왔다

현대를 살아가는 오늘날의 우리 젊은이들의 눈에 정치는 오로지 이런 세력들, 이런 사람들에 의해 좌지우지되는 것 같아 보입니다. 하지만 그것은 절반은 맞고 절반은 맞지 않습니다. 실지로 어떤 정치권력이 사회 공동체를 구성하고 있는 정치-시민들의 뜻이나 이익과는 무관하게 소수의 이기적이고 탐욕만을 추구하고 또 그를 위해 권력을 남용한다 하더라도 결코 오래갈 수 없기 때문입니다. 그런 권력을 감시하고 견제하며 바꾸어놓을 수 있는 사람들도 언제나 이의를 제기하고 두려움 없이 비판하고 용감하게 싸워왔습니다. 그래서 한정우 교수도 편지에서 이렇게 마무리합니다.

___ 미국의 몬산토가 연구해서 유전자복제 옥수수와 콩, 토마토 등이 주로 한국이나 일본에 대량으로 수출되어 대대적인 인간 실험을 하고 있는 것이 사회적인 반응을 보이고 있다고 들었습니다. 시민불복종(Civil Disobedience)을 주장하는 것이 현대 윤리학자들의 책임이 아니겠습니까?

정치-시민들이 기업이나 정부 조직, 대학이나 공공기관들의 활동을 항상 감시하거나 사안에 따라서 시민불복종운동을 하는 전통은 우리나라에서도 꾸준히 이어져오고 있어요. 현대 사회에는 국가기관이 자동적으로 국민들의 삶을 책임지지 못하고 오히려 피해를 입히기도 하는 모습이 점점 더 많아지고 있기 때문에 이러한 활동은 정말 소중한 전통이 아닐 수 없습니다.

정치-시민의 건강한 정치적 실천을
막는 장애물

그러나 전통은 저절로 지켜지고 자동적으로 이어지지 않지요. 때로는 숨겨지고 때로는 변질되기도 하며 자주 멈춘 듯이 보이기도 해요. 그 이유들 중의 큰 부분은 정치-시민들이 직업적 정치인들이 아니라 자신의 일상적 삶을 건강하게 살아내야 하는 일반인이기 때문입니다. 그리고 모든 일반인에게는 삶을 영위해야 할 경제적 일자리와 행복과 건강을 잃지 않기 위한 최소한의 장치가 필요하고요. 이때 일반인들의 삶을 위협하는 것은 '가공할 만한 경제적 위력'입니다.

이 위력은 돈의 위력인데요. 정치의 가장 큰 과제는 모든 사람에게 공평하고 보편적인 제도와 법, 정책을 탐구하고 실현하며 실행하는 것입니다. 하지만 사회 구성원들이 경제적 부의 불평등으로 빈부 격차가 심해지고 계급의 차이가 심해지면 그에 따라 종교나 문화, 교육에서의 불평등과 극단적 모습 등이 반영되어 더욱 심각한 폐단이 계속될 수 있습니다. 이러한 폐단은 건강한 정치적 실천을 막는 장애물로 나타나지요.

나는 요즈음 자주 왕에게 직언을 서슴지 않고 죽음을 각오했던 조선 성리학자들의 삶을 떠올리곤 해요. 오늘날 우리 모두가 이들과 같은 삶을 살기는 어렵겠지만, 적어도 자신이 부끄러운 짓을 하는 줄도 모르고 수치심도 없으며, 자기 스스로가 외치는 멋진 구호를 파괴시키는 자기분열적인 괴물은 되지 말아야 합니다. 특히 그런 사람을 정치에 나서도록 부추겨서는 더더욱 안 되고요.

오늘날 우리에게 정치는 과연 무엇일까요? 정치는 우리가 함께 살고 있는 우리의 공동체를 자기분열적 괴물들에 의해 지배되지 않도록 하는 일체의 노력을 가리킵니다. 그것은 바른 지식과 이해로부터 시작할 수도 있으며, 특정한 비리를 감시하고 드러내어 그것이 지속되지 못하도록 적절한 조치를 취하는 것일 수도 있습니다. 사사로운 이익을 위해 특정한 권력이 사용되지 못하도록 방지하고, 바른 권력으로서의 영향력을 행사하는 일이기도 합니다. 또한 법적, 제도적 정책들이 실현될 수 있도록 주체적으로 감시하고 목소리를 내는 행위이기도 해요.

결국 정치는 바른 이해와 적절한 실천이 빠지면 안 되는 것입니다. 그리고 그것이 조금이라도 실현되는가 아닌가는 바로 이 글을 쓰는 나 자신과 이 글을 읽는 여러분 자신에게 달려 있습니다.

처음 시작하는 정치 공부

초판 1쇄 2024년 1월 29일
지은이 박정원 | **편집기획** 북지육림 | **교정교열** 김민기 | **디자인** 이선영
제작 명지북프린팅 | **펴낸곳** 지노 | **펴낸이** 도진호, 조소진
출판신고 2018년 4월 4일 | **주소** 경기도 고양시 일산서구 강선로 49, 911호
전화 070-4156-7770 | **팩스** 031-629-6577 | **이메일** jinopress@gmail.com